# 「排除」の構造とコミュニケーション論的「包摂」

本多敏明 著

風鳴舎

# もくじ

# はじめに

　本書は第I部と第II部の2つの内容から構成されている。

　1990年代半ば以降、ドイツの社会学者ニクラス・ルーマン（Niklas Luhmann、1927−1998）の包摂／排除―図式（Inklusion/Exklusion-schema）を強力な理論的資源として、ドイツの社会福祉（Soziale Arbeit）ならびに社会学的システム理論という2つの分野の研究者たちによって、「現代社会における包摂／排除と社会福祉」をテーマとする多くの議論が展開されてきた。現代社会における排除の問題の原因や特徴はどのようなものか、排除の問題が増大するなかで社会福祉が果たすべき社会的機能とは改めてどのようなものである（べき）か、そして排除（に脅か）される人びとの包摂は現代社会ではどのようなかたちで可能なのか。本書の第I部（第1章から第3章）では、こうした「現代社会における包摂／排除の問題と社会福祉」をめぐる、主にマクロな視野でおこなわれている議論の要点をまとめた。第I部をとおして明らかにされるとおり、本書は社会学的システム理論にもとづいて現代社会を機能的に分化した社会（funktional differenzierte Gesellschaft）と想定し、その構造的帰結として排除の問題を捉え、排除された人の再包摂（Re-Inklusion）が社会福祉の社会的機能であると位置づけている。

　ルーマンに代表される社会学的システム理論においては、排除はそのつどのコミュニケーション（・システム）からの排除であると捉えられる。排除は、そのつどのコミュニケーションにおいて何かを発信しようとしている「送り手」であると期待される関係や機会、また何かを伝えられるべき「受け手」であると期待される関係や機会が（一時的に）ないこと（のみ）を指している。したがって、例えば社会の経済活動（というコミュニケーションのつながり）に参加できないこと（つまり労働者として働けない、消費者として購買できないこと）が繰り返され継続してしまうと、

「失業」や「経済的困窮」といった社会保障や社会福祉が対応すべき問題として現れることになる。

　それに対して包摂は、そのつどのコミュニケーションにおける「送り手」かつ「受け手」として、いわばそのコミュニケーションの「構成にかかわるメンバー」として（一時的に）認められることと捉えられる。コミュニケーションにおける「送り手」や「受け手」としての「座席」は、ルーマンの共同研究者であるペーター・フックス（Peter Fuchs、1949－　）によって、「社会的アドレス」（soziale Adress）と名付けられている。現代社会では、さまざまな機能領域のコミュニケーションにおける社会的アドレスを得て参加できる包摂によって生活が成り立っており、例えば社会の経済活動に参加（労働したり消費）したり、法的権利が守られたり、教育を受けられたり、社会保障給付を受けられたりすることなどが実現される。

　このように現代社会を生きる個々人は、誰もがさまざまな機能領域のコミュニケーションに参加できることで生活を営むことができており、そうした参加（＝包摂）の可能性が保証されてしかるべきであると期待されている。しかし実際には、世界を見渡せば、そうではない事態が（濃淡の差はあれ）溢れ、むしろ年を経るごとにますます排除が広がるかのようである。例えば貧困、ホームレス、低所得や生活困窮、失業、過労、社会的孤立や孤独、薬物・アルコール依存、ひきこもり、無年金、無保険、虐待、不適切介護、自殺、差別、受診控え、少なくともこれらが含まれ、これら以外にも増えていくだろう。

　こうしたなかで、複合的な困窮を含む社会的排除問題への対策として、各国で社会的包摂政策が進められている（例えば宮本　2013など）が、排除も包摂も多様な実態へと広がり、それに伴って多義的な用いられ方をするからこそ、改めて排除と包摂のそれぞれの意味を、とりわけ人間がさまざまな機能領域のコミュニケーションに参加することで、生活を営む現代社会の社会構造と関連づけて捉え直す視点が必要と思われる。第I部では、先述のとおり、機能分化という社会構造の構

造的帰結として排除を捉えるとともに、排除された人の再包摂を社会福祉の機能として位置づける。

　しかしながら、社会福祉の課題はそれだけではないだろう。第Ⅱ部では、社会福祉の支援をつづけても再包摂の可能性を見込むことができない人に対して、「どのような包摂もありえないのだろうか」という問いから出発する。例えば、精神障害をきっかけに離職した後に家族以外の他者との接触がきわめて困難になった青年に対して、再就職や地域のボランティア活動への参加という目標以外には、再包摂はないのだろうか。またいくら訓練を重ねても就職につながる見込みがきわめて低い重症心身障害児・者に対しては、どのような再包摂も不可能だろうか。こうした問いかけは、人間が社会で果たすことが期待される役割ないし機能性の次元とは別の包摂／排除を捉えようとする思考だと考えられる。

　社会福祉は、一方で人間が社会のなかで求められる役割への復帰を支援する側面をもつ。しかしそれだけでなく、もう一方では、社会から求められる役割を果たすことができない人やそもそも役割を求められない人が抱える社会的課題にいち早く気づき、その人の「声」を諦めることなく聞こうとしつづける側面をもつ。前者は人間における機能性の次元、後者は人間における存在の次元と名づけることができるだろう。もしくは、前者は社会的役割を果たすという意味で他の人と入替え可能な側面、後者は固有の人格的存在として他の人と入替え不可能な側面といってもよいだろう。

　例えば、一般的な社会生活が可能なほどの回復が見込めない重度の認知症高齢者や、重度の知的・精神障害者や重症心身障害者など、そうした人たちにいくらコミュニケーションを試みても、結果として相手になにが届いたのか、相手がなにか返答をしてくれるかきわめて難しいことがしばしばである。しかしながらそれでもなお、相手が発信しようとしている「声」を最大限の配慮で聞こうとしつづけ、また話しかけつづけることが、（機能性の次元と区別される）存在の次元における包摂

と捉えることができると考える。これは、（筆者の独創ではなく）ルーマンの共同研究者であるフックスが提起した、支援者と被支援者の1対1場面における「包摂システム」（Inklusionssystem）が示す事態である（第5章参照）。

　それに対して、存在の次元における排除は、例えば認知症高齢者に対する「入浴介助」や「徘徊防止」などの場面で、その人が意思や「声」をもつ人格としての部分がきわめて後退し、それよりもその人を肉体（物的側面）優位に（ほとんど肉体の動きにのみ意識を向けて）かかわるときがあてはまる。例えば認知症高齢者を一回一回、コミュニケーションの「相手」としてその人の人格性に、いいかえれば、なんらかの意思をいままさに伝えようとしている「送り手」として期待を向けてかかわっていない場合、それは存在の次元における排除として捉えることができると考える。そのつどのコミュニケーションの相手から何かを発信しようとしている「送り手」として期待される関係や機会、また相手が何かを伝えたい「受け手」として期待される関係や機会が失われていることを、存在の次元における排除は指している。

　ルーマンやフックスに代表されるコミュニケーション（・システム）論的な包摂／排除は、機能性の次元だけでなく、人格としてその存在が認められる存在の次元ともいうべき次元の包摂／排除をもその射程に収めていることを、本書は主張している。

　そして、人が人格的存在でいられるのは、その人の人格性を支えようと継続してその相手自身も人格的な存在としてかかわってきてくれる人の存在である。いいかえれば、人間の唯一無二の人格性あるいは「その人」性は、生物としての個体的存在の「内側」にあるものではなく、人格的な他者との「あいだ」で相互的に立ち現れてくるものである。人格性は、「私」の人格としての生の基盤をともに支えるような「関係性」（早坂　1994）に支えられて初めて可能であるといえるだろう。したがって、存在の次元は「関係性」の次元ともいえる。こうした次元における包摂は、人格的に存在することの保障を志向する「人格保障」としての包摂と表現してもあ

ながち間違いではないだろう。こうした考えは、日本の社会福祉の蓄積、例えば糸賀一雄（1914-1968）の「横（ヨコへ）の発達」、また浦河べてるの家・向谷地生良（1955-　）らによる「当事者研究」の視点とも十分に接続している点を明らかにしようとしている。

　最後に、こうした2つの次元に分ける必要性を述べておきたい。

　なぜ存在の次元ないし「関係性」の次元が、包摂／排除の議論にとって必要なのか。それは機能性の次元だけでとりわけ包摂が議論されても、排除された人びとが本当に生活を立て直すことにはつながらないと考えられるからである。「本当に」というのは、制度を利用できたとしても、また制度利用時には支援者がいたとしても、支援を受けたうえで自ら立ち直ろうとする意欲が（つづか）なければ、一時的には立ち直ったかのようにみえる人であっても、再び社会的排除といわれるような状態に落ち込む可能性が高いからである。そのさい、求められるのは、「あの（支援者の）誰々さんのためにもう少しがんばってみよう」とか「あの人に恥ずかしいところをみせたくない」とか「以前の姿に逆戻りしてしまって、あの人を悲しませてしまうのは避けたい」と生活の過酷さや生きることそれ自体の「しんどさ」がつづくなかでも、「踏ん張り」がきくような支援であろう。本人が自分の生を諦めているとさえいえるような状態であっても、自分以上にそうした自分を気遣い、諦めないでいてくれるような相手との関係の継続性の欠如が、現代の排除の問題の奥底にあり、その欠如をいかに埋めるかが包摂に取り組む場合に最も求められる点だと考えられる。「関係性」の次元の包摂というのは、こうした人と人のかかわりの根底に、（意識以前のレベルで）すでにあるつながり（と呼んでよさそうなもの）を当事者双方が感じ合うこと、あるいは人が人にかかわろうとするときに「この人とはすでにかかわりがある」感覚に支えられ、むしろかかわらないことが不自然に感じられるほどの関係以前の関係を相互に感じ合うような、人と人のかかわりが念頭に置かれている。相手との関係が「会話」レベルにとどまらず、相手の存在の「重み」が感じられ、そ

の「重み」が自分の行動を相手に傾けさせるようにはたらく間柄といってよいだろう。あるいは関係が途切れた場合につながり直そうとする意欲も湧かず、そのまま漂流しそうなところをギリギリで防ぐ「杭」のようなものとして、互いの存在が内面的に深く食い込んでいる間柄といってもよいだろう。こうした「関係性」の次元の包摂は、一般的には「支援」には含まれない部分かもしれない。しかしながら、もし機能性の次元だけで包摂が考えられるのであれば、現代日本では、もはやいかなる支援も本当の支援にはつながらないことが危惧される。

この点は、1980年代後半から、北九州市で主にホームレス支援をおこなうNPO法人代表の奥田知志（1963-　）によって、経験に裏打ちされながらすでに述べられている。奥田は「問題解決型支援」と「伴走型支援」の両方が必要であることを強調しており、前者は本書でいう機能性の次元の包摂であり、後者が「関係性」の次元の包摂に対応していると考えることができよう。そしてなぜ現代日本でこうした二重の支援が必要になってきているかといえば、従来（おそらく1990年代以前）は家族や会社が「踏ん張り」をきかせる人格的な間柄の存在を担っていたが、1990年代以降、そうした「踏ん張りをきかせる人格的な関係を担う相手」がいない人が多数現れてきた点を奥田は指摘する（奥田　2021: 188）。誰もが多かれ少なかれ自分の人生を「物語」として生きているといえるが、奥田は「物語」のためには、そうした「誰か」（人格的な関係を築く相手）が必要だと述べる。こうした相手がいないことは、湯浅（2008: 61-2）が「自分自身からの排除」と指摘する状態と密接しているといってよいだろう。

これまで奥田の他にも、「関係性」の次元を意識する著者らもいる。とくに阿部彩（2011: あとがき）は、「社会的排除」という言葉を用いるたびにかつて直接的にかかわっていたホームレスの人びとの「存在」が脳裏に浮かぶことを吐露している。また宮本（2013: 256-7）も、就労や社会参加が人とのかかわりの回復や居場所づくりをとおして多元的な承認の場になりうる点への期待を述べている。その他に

も、社会的排除を述べる多くの著者の行間や余白に、「関係性」の次元に関する問いかけや、そうした次元での包摂を考える必要性が多かれ少なかれみえるものの、方法論的なレベルで、または基本的な人間観を明示するかたちで、理論的な概念として言語化してまでは述べられていないと思われる。それゆえ、ややもすれば、排除の問題の特徴や排除に関する研究の紹介において、道徳的なトーン（雰囲気）ないし義憤に似たトーンを纏わせたうえで包摂への抽象的な希望を述べてまとめられてしまうなど、社会的排除や社会的包摂政策の紹介や検討と、排除されている個々人に対する包摂のありようとの方法論的な隔たりが、まだまだ大きいと思われる。

　包摂／排除の、機能性の次元および「関係性」の次元、この二重性にもとづく議論がますます必要となっている。そして、ルーマンに代表される社会学的システム理論が提起する包摂／排除の視点は、機能性の次元の包摂／排除の議論にとどまらず、「関係性」の次元までその射程に収めている論理を明らかにしていきたい。

　なお、引用文中の［　　］は引用者による補足を、／は改行箇所を意味している。また、邦訳がある文献も文脈によっては筆者なりに訳し直した箇所がある。

# 第1章

## 排除と包摂の問題に
## 社会学的システム理論は
## 貢献できるのか

第1章では、主に2つの点について検討する。1点目は、現代社会における最重要課題のひとつが排除の問題、とりわけ累積的排除（kumulative Exklusion）の遮断ないし解決であることを確認したうえで、この（累積的）排除の問題に対して、近代社会を機能分化した社会と捉えるルーマンの包摂／排除－図式は貢献できるのか、できるとすればどのような点で貢献可能かを検討する。1990年代後半ないし2000年代以降、日本においても失業や不安定雇用を起点とする排除の問題が目立ち始めた。現代社会においては、原則としては社会のあらゆる人びととにとって経済システム、政治システム、教育システムなど多種多様な機能システムへの参加が可能になっており、いわゆる全包摂（Vollinklusion）が理念として掲げられているが、実際には排除が構造的帰結として生じており、排除問題に対して再包摂に取り組むものとして現代の社会福祉が捉えられる。

　もう1点は、社会の理論（Theorie der Gesellschaft）を掲げるとおりマクロな理論とイメージされるルーマンの理論が、「個別化の原則」にもとづきクライアントひとり一人に対応するミクロな対人援助の実践にも貢献できるのかが検討される。ルーマンの「人と人との相互浸透」（zwischenmenschliche Interpenetration）や「親密な関係」（Intimbeziehung）の視点は人間の個別性が最高度に求められかつ配慮される関係である。この視点は、社会福祉における固有名をもつ独自の存在としてクライアントを捉え、「関係性」の次元の包摂につながる論理として捉えることができる。

## 第1節　日本の社会福祉は進展しているのか

### ○戦後社会福祉の拡大

　戦後の日本の社会福祉は、社会福祉が対象とすべき要援助者の範囲を広げてきた。戦後間もない時期に制定・施行されたいわゆる福祉三法（生活保護法（1946

年施行)、児童福祉法 (1948年施行) および身体障害者福祉法 (1949年施行))は、戦争被災者や引揚者などの生活資力を失った成人、親を失った児童、および戦争によって手や脚に障害を抱えた人びとなど「一部の限定された人びと」を対象としていた。この時期の社会福祉は「保護・救済」の時代であった。その後、日本が高度経済成長期に入った頃には、高齢者や知的障害者や母子および寡婦などの「社会的弱者」へと日本の社会福祉はその対象を多様化・拡大させてきた (知的障害者福祉法 (1960年施行)、老人福祉法 (1963年施行)、母子及び父子並びに寡婦福祉法 (1964年施行))。そして、1990年代後半の社会福祉基礎構造改革によって、戦後50年以上つづいてきた措置制度 (後述) のあり方を抜本的に改革し、社会福祉が対象とすべき範囲を「国民全体」へとますます広げる道を辿ってきている。

　しかしながら、実際には、「国民全体」どころかサービスを受けられない人びとがかえって増えてきている現実が見出される。例えば、最低生活基準以下で生活している人びとや要介護高齢者および (身体・知的・精神の3つの障害のいずれかひとつのまたは重複) 障害者のなかで、社会福祉サービスが必要なのに届かない人びとは以下でみていくように反対に増えてしまっているのではないか。「国民全体」に必要な社会福祉サービスを行き届かせようとする理念を掲げた社会福祉基礎構造改革であったにもかかわらず、実際にはそうなっていない。というよりもむしろ、こうした現状が招来されることは予想に難くなかったかのように社会福祉基礎構造改革が進められたといってはいい過ぎだろうか。

　いずれにしてもまずは、中央社会福祉審議会の社会福祉基礎構造改革分科会による、1998年の「社会福祉基礎構造改革について (中間まとめ)」[1]を確認しよう。

　　○これからの社会福祉の目的は、従来のような限られた者の保護・救済にとどまらず、国民全体を対象として、このような問題 [自らの努力だけでは解決できない生活上の様々な問題] が発生した場合に社会連帯の考え

---

① 中央社会福祉審議会社会福祉基礎構造改革分科会「社会福祉基礎構造改革について (中間まとめ)」(https://www.mhlw.go.jp/www1/houdou/1006/h0617-1.html)。

方に立った支援を行い、個人が人としての尊厳をもって、家庭や地域の中で、障害の有無や年齢にかかわらず、その人らしい安心のある生活が送れるよう自立を支援することにある。

○社会福祉の基礎となるのは、他人を思いやり、お互いを支え、助け合おうとする精神である。その意味で、社会福祉を作り上げ、支えていくのは全ての国民であるということができる。

　このように戦後の日本の社会福祉は、「福祉の網」をどんどん大きくして、福祉サービスを提供すべき範囲を「国民全体」にまで押し広げてきた。しかし実際に「国民全体」にサービス提供をおこなうためには、戦後約50年つづいてきた措置制度を、大きく分けて次の2つの面で変革する必要があることは明らかであった。すなわち、ひとつはサービスにかかる費用の財源の面であり、もうひとつは福祉サービス提供事業者のマンパワーの面である。今後ますます多様化し増大する福祉ニーズに対応するには、措置制度のままではこの2つの面でともに不十分である。それゆえ、主に社会保険方式への移行等による新たな財源の確保、サービス提供者の多様化・増加（従来の行政や社会福祉協議会のような「公的」な機関に加えて、私的企業やNPO法人などの民間機関の参入）、すなわち量的拡大をめざして、社会福祉基礎構造改革は実行されたのであった。

　さらに、社会福祉基礎構造改革は福祉サービスを受ける者および福祉サービスを提供する者の量的拡大だけではなく、次に述べるような両者の関係の質的な変容を企図していた。いいかえれば社会福祉基礎構造改革によって、社会福祉サービスを受ける者の位置づけの180度の転換がめざされた。この転換によって社会福祉サービスを受ける者の呼称は、（措置制度のもとでの）「対象者」から、新たに「利用者」へと刷新され、こうした呼称の変化は「利用者」と援助者の立場の転換を企図している[2]。

② ①に同じ。「Ⅱ改革の理念」において、「(1)対等な関係の確立　個人が尊厳を持ってその人らしい生活を送れるよう支援するという社会福祉の理念に対応し、サービスの利用者と提供者との間に対等な関係を確立する」ことが謳われている。

社会福祉基礎構造改革以前の措置制度においては、社会福祉サービスを受ける者は「対象者」と呼ばれ、その人が社会福祉サービスを受けるに値するか否か、そして（サービス受給に値する場合には）どの程度のサービスを受けるのが妥当かを行政が決定し、行政措置として福祉サービスが実施されており、福祉サービスにかかる費用は（ほとんど）公費で賄われていた。先述したように、行政が「福祉の網」で「対象者」を「掬いあげる」という言語表現が用いられてもおかしくないようなサービス受給の関係がみられた。それに対して、「利用・選択」を標榜する社会福祉基礎構造改革によって、「利用者」自らがサービスを自由に「選択」することができ、しかもサービス提供事業者との「対等な関係」のもとで「契約」するあり方へ社会福祉サービスのありようを変化させることがめざされた③。いいかえれば、以前のように「行政」が「対象者」を選び福祉サービスを「施す」あり方から、「利用者」が社会福祉サービス提供事業者およびサービス内容を「選ぶ」あり方へと、その関係における「主語」が入れ替わることがめざされたのであった。もはや「行政が」福祉の「網」で「対象者」を「掬いあげる」という関係ではなく、「利用者」が店頭に並ぶ多様な「商品」（福祉サービス）を自ら「選択」し「契約」する関係へと転換することが理念上、華々しく謳われたのである。

## ○しかし裏腹に困窮者は増大

　しかしながら実際には、むしろ福祉サービスを利用できず、いわば福祉サービスから「こぼれ落ちる」人びとが大量に出現した。とくにサービス利用時の自己負担やその前提である保険料額の増加が福祉サービスを必要としながらも利用できない足かせとなっている。社会福祉基礎構造改革は、福祉サービスを自由に選択できる権利の主体としての「利用者」に対して、利用料や保険料の自己負担を課すことを妥当なものとした④。いいかえれば、自らが選択したサービスに対して責任を持って「利用料」を支払うことが「利用者」には求められるようになったのである。そ

③ ①に同じ。「Ⅱ改革の理念」の「(1)対等な関係の確立」、また「Ⅲ改革の具体的内容」の「(3)サービスの利用」を参照。
④ ①に同じ。「Ⅱ改革の理念」において、「(6)公平かつ公正な負担　高齢化の進展等により増大する社会福祉のための費用を公平かつ公正に負担する」と述べられている。

の結果、「利用者主体」という理念のもとで、実際にはかえって利用者の側では以前の措置制度の時代のように受け身の姿勢をとらされるばかりか、新たなかたちで「福祉の網」から「こぼれ落ちる」人びとが生み出されているといってよいだろう。社会福祉基礎構造改革によって理念としてはその対象の多様化・拡大が企図されているにもかかわらず、個々人にとっては自己負担が重くのしかかり、実際には安心して福祉サービスを利用できない人びとが大量に排出される結果が招かれた。

　例えば、介護保険制度においては、サービス利用に際して1割から所得によっては2割ないし3割の自己負担が必要であり、その1割の利用上限額が要介護度ごとに設定された結果、実際のサービス利用においても経済的な理由で福祉サービスを利用できない事態が数多く指摘されている。また障害者福祉サービスに関しても、2006年に始まった「障害者自立支援法」において応益負担方式が、多くの反対を押し切って導入されたことも忘れてはならない[5]。たしかに、ひと月に支払う自己負担総額に「上限額」が設定されていたものの、実際に利用抑制（施設退所など）を強いられた人が多数報告されたことも指摘された。

　このように「利用者」がサービス事業者を「選択」するという理念のもとで、実際には事業者が、事業者にとって「都合のよい」（利用上限額が高いがゆえに事業者に高い利益をもたらす、重度の）利用者を選別することが起きた。「利用者主体」というスローガンのもとで、サービス提供事業者が利用者を選別しており、「事業者主体」といわざるをえない事態が発生した。

　このように、社会的に受けられる援助の正当な機会を多様化・拡大する理念のもとでおこなわれた社会福祉基礎構造改革は、逆にその制度・政策から「こぼれ落ちる」人びとをいままで以上に際立たせている。こうした傾向は、いま述べた分野以外でもますます強まっている。とりわけ失業者や不安定雇用者の増大傾向が1990年代半ば以降の、いわゆる新自由主義的な路線をひた走る政策のもとで強まるばかりである。いわゆる「小泉改革」として典型的に表れた新自由主義的な政

---

[5] 2010年1月には障害者自立支援法の廃止および応益負担制度の廃止が決定した（厚生労働省「障害者自立支援法違憲訴訟に係る基本合意について」https://www.mhlw.go.jp/stf/seisakunitsuite/bunya/hukushi_kaigo/shougaishahukushi/goui/index.html）。その後2013年度より始まった「障害者総合支援法」は応能負担である。

策路線は、世界的な規模でみれば、1991年のソ連の解体にもとづく米ソの冷戦構造の崩壊によって対抗軸を失った資本主義社会が、社会主義に対抗するためにそれまで「福祉国家」という看板のもとに胚胎させていたさまざまな「社会主義的」要素（手厚い社会保険、安定的な雇用形態など）を吐き出し始めた過程とみることができる。「福祉国家とは、要するに、社会主義を排斥するために社会主義の改良主義的要素を内に取り込んで自己改造する資本主義の政治経済システムのことなのであ」（加藤 2006: 299）ったが、もはやライバルのいない資本主義社会は、1990年代半ば以降、グローバリゼーションの道をさらに突き進んでいるといってよい。「グローバリゼーションに媒介されて世界的な政治潮流となった福祉国家批判は、福祉国家の民営化あるいは市場化を通じて福祉国家を解体しつつある」（加藤 2006: 317-8）という指摘はいまなお有効であろう。こうした流れのなかで、1990年代後半の社会福祉基礎構造改革、および介護保険制度や障害者自立支援法などの諸制度の路線変更が進められたといえる。

　1990年代からのこうした流れは、雇用情勢の悪化および雇用形態の不安定化として国の統計データによっても確認できる。例えば、「労働力調査」[6]で、雇用者（役員を除く）に占める非正規雇用者の割合は、データが遡れる1984年と比較すると、約40年のあいだに約2.5倍（1984年の15.3%→1999年の25.3%→2003年の30.4%→2022年の36.9%）、そして非正規雇用者の人数は約3.5倍に跳ね上がっている（1984年の604万人→1999年の1247万人→2003年の1504万人→2022年の2101万人）。非正規雇用者の割合は、労働者派遣法の1999年改正（派遣労働者適用対象業務の原則的自由化。ただし建設、港湾事業、警備、医療、製造業は禁止）時に25%（4人に1人）を越え、2003年改正（製造業派遣労働者の解禁）時に30.4%（3人に1人弱）に上がっている[7]。

　こうした非正規雇用者の増大と時を同じくして全体的な所得の低下がみられる。「令和4年賃金構造基本統計調査」によると、2022年の「一般労働者」の「正社

---

[6] 総務省統計局、2023「長期時系列表9　(1)年齢階級（10歳階級）別就業者数及び年齢階級（10歳階級）、雇用形態別雇用者数－全国」https://www.e-stat.go.jp/stat-search/file-download?statInfId=000021915916&fileKind=0。ただし「非正規雇用者数」の集計については、2008年以前と2009年以降で集計方法が変わる等、時系列比較には注意を要する。

[7] さらに年齢層別および性別に分けて詳しくみる必要があるものの、ここでは全体の傾向をみるにとどめる。

— 15 —

員・正職員（男女計）」が328.0千円（月収換算）であるのに対して、「正社員・正職員以外（男女計）」（非正規雇用者とほぼ同義）は221.3千円と約10万7千円の差がみられ、「雇用形態別」の集計が始まった2005年以降、この差は埋まる気配がない。

　さらに、「最後のセーフティネット」といわれる生活保護分野においても受給者数および受給世帯数が増大しつづけている。1992年までは下がりつづけてきた受給者数は585,972人を記録したが、その年を境にして以降は生活保護受給者・世帯数は増大しつづけている。2023年の生活保護を受給している世帯は1,641,512世帯、被保護人員は2,038,557人と過去最高を記録している[⑧]。そのなかで「保護廃止」になる世帯（167,401世帯）は10.2％である（「保護廃止」の最も多い理由は「死亡」（47.8％）であり、次に多いのが「働きによる収入の増加・取得・働き手の転入」14.5％、「失そう」4.5％が上位3つである）。

　さらにはこうした「最後のセーフティネット」と呼ばれる生活保護の受給の「手前」でさまざまな困窮の連鎖によって自力では対応できない人びとがいる。こうした人びとは、ひとつの社会関係がうまくいかなくなるとその後、次から次へとさまざまなセーフティネットから転がり落ちていく負の連鎖が現代日本に巣食っていることを予想させる。こうした負の連鎖として次のような例がある。少し長くなるが、引用したい。

　　おっちゃん［ホームレス男性］は元サラリーマン。ホームレス生活に至る前は、妻と息子2人の4人家族だったそうだ。話を聞けば、とても家族思いのようであった。仕事は、ある地方銀行の支店長をしていたそうである。持ち家に住んでいて、車も持っていた。比較的裕福な生活だったようだ。しかし、支店長になってから仕事が忙しくなり、家族と話す時間が少なくなった。さらには、仕事のストレスと家族との不和が原因で、うつ病を患ってしまったという。そして、うつ病のために会社を休みがちになり、ついに

⑧ 数値は1ヶ月平均である。「令和3年度被保護者調査」（https://www.e-stat.go.jp/stat-search/files?page=1&layout=datalist&toukei=00450312&tstat=000001155606&cycle=8&tclass1=000001155607&tclass2=000001200543&stat_infid=000040020070&tclass3val=0&metadata=1&data=1）による。

はうつ病の治療をしながら通勤できる別の職場を求め、おっちゃんは銀行を退職したそうだ。

　もちろん求職活動をいろいろとしてみたが、このご時世である。50歳を越えるおっちゃんに、再就職先はなかなかみつからない。探せば何でもあるはずだという人もいるが、実際のところ、銀行マンだった人が、いきなり建築や土木の肉体労働に就けるものではない。おっちゃんも力仕事に挑戦してみたこともあったが、体力がつづかず、仕事のリズムもつかめず、3日とつづかなかったそうである。

　（中略）そして、就職先がみつからず、アルコールから抜けられないおっちゃんは、家族と不仲になっていき、ついには離婚に追い込まれる。貯金のほとんどは妻に渡し、自分は家を出てアパートを借りて移り住んだという。しかし、仕事はみつからないまま……。やがてアパートの家賃を滞納することになり、大家から立ち退きの催促がくるようになった。銀行時代の友人や後輩からお金を借りたが、だんだんとお金を貸してくれる友人もいなくなっていく。借金を返せないと友だちとの縁も切れてしまうものだ。友人からも疎まれるようになり、消費者金融からの借金も膨らんでいった。

藤田・金子（2010: 19-21）。

　こうして「おっちゃん」は、消費者金融からも逃げるようにアパートを飛び出し、ホームレスになったという。この例は、あるひとつの社会関係のつまずき（会社でうつ病を患うこと）が他の社会関係のつまずきや破綻（家族関係の崩壊、友人関係の絶縁、借金問題）を誘発していくことを示している。近年でも、NHKスペシャルによる取材（２０２０年）で明らかにされた「ミッシングワーカー」もこのような複合的な困難の帰結と捉えられる。つまり、正社員として働いていた人でも、きょうだいや親せきに頼ることもできず、また独身のため配偶者と仕事と介護などを分担することもできな

いため、親の介護のために介護離職せざるをえなくなり、それをきっかけに、親の死後も求職活動さえできない状態にある中高年層が約100万人いるともいわれる。

これ以上は統計を参照しないが、現代日本において同様の負の連鎖の帰結と捉えられてしかるべき、自殺・自死者、被虐待児童や高齢者、孤独死ないし孤立死など、現代日本は数々の重大な問題を抱えている。現代日本においてかなりの数の人びとが悲惨と形容されてもおかしくない状態にあることは、看過できないといってよいだろう。

## ○社会的排除と社会学的システム理論

これらの悲惨な状態は経済的な貧困が主たる要因となっているが、さらにそうした経済的貧困は他のあらゆる側面での悲惨な状態を誘発しており、いわばそうした人びとの生活および実存が脅かされる結果を招いている。経済的貧困を基軸とするさまざまな悲惨な状態の連鎖は、日本だけではなく、世界のあらゆる国々（とくにEU諸国）で問題となっており、1990年代より、社会的排除（social exclusion）の問題として重要な政策課題に位置づけられている（中村 2007）。

本書では、この排除の問題の理論的把握および包摂の実践の理論的視点の明確化に向けて、ルーマンを基軸とする社会学的システム理論はどのような貢献ができるかを検討する。第2章で述べるが、ルーマンがこの排除の問題に本格的に取り組んだのは、晩年の数年間のみであった。しかしながら、ルーマンの考察は、複数の著名な社会学的システム理論研究者だけでなく、ドイツの社会福祉（Soziale Arbeit）研究者の一部にも大きな刺激を与え、その後の多様な研究を鼓舞することになった（第2章第1節参照）。

ルーマンに代表される社会学的システム理論の考察によれば、現代社会における排除はおおよそ次のような内容にまとめることができる。つまり、機能分化を遂げた現代社会のあらゆる機能システムへのあらゆる人びとの参加を旨とする全包

摂が理念として掲げられながらも、実際にはあらゆる機能システムが不可避的に排除を絶えず作り出し、しかもある機能システムからの排除が他の機能システムの排除と結びつく異積的排除が生じるなかで、この問題を解決しえないというアンビヴァレントな事態に現代社会は直面している。

　現代社会における排除の問題の解決は、排除されている、あるいは排除に脅かされている数多くの人びと、とくに高齢者や障害者や低所得者等の個別具体的な人にとっての生活課題の解決として考えられなければならない。しかし個別の課題としてのみ捉えてしまうと、その背景となる構造がわからないままであり、ややもすると有効な支援につながらない。だからこそ、この個別具体的な排除の問題の解決策を考えるためには、よりマクロな水準で機能分化を遂げた現代社会の全般的な社会構造上の不可避の帰結として排除の問題が現出し、かかる排除の問題を処理するための社会的装置として社会福祉を捉える必要もあるのではないだろうか。さらにいえば、排除の問題を処理する可能性が社会福祉にあるかどうかは、機能分化を遂げた現代社会の存立を左右する一大問題とさえいってよいかもしれない。そうであるならば、機能分化を遂げた現代社会についての総体的認識が、つまりは社会の理論が、社会福祉を考える場合の基本的前提として求められているとさえいってもよいだろう。そうであるからこそ、現代ドイツにおいて1990年代以降、さらに21世紀になってから、一部の実践者や研究者がルーマン理論に強い関心を寄せ、なかでもルーマンの包摂／排除－図式に熱い視線を投げかけているものと解されてよいだろう。

　本書が、考察の土台としてルーマンに代表される社会学的システム理論を選択するのは、包摂／排除の概念を軸に、現代の社会構造上の問題として排除の問題を理論的に把握するからである。しかも加えて、後述するように、包摂を個別具体的な人間同士の関係における事態として統一的な理論的視点から把握できる点にある。

　次節では、機能分化を遂げた現代社会が、全包摂を理念として掲げながらも、

現実には重大な排除の問題を産出しており、いいかえると現代社会の全包摂という包摂要請の理念と、そこでの数々の排除の問題の出来というアンビヴァレンツに現代社会が陥っており、第二次的な機能システムとしての社会福祉が再包摂を課題とする機能システムとして捉えられるとする議論をより詳しく追っていきたい。

## 第2節　現代社会の構造的帰結としての排除の問題

### ○晩年のルーマンの気づき

　全包摂を旨とする機能分化社会の包摂要請という理念を掲げながらも、現代の世界社会において数々存在する排除の問題の重大さにルーマンが気づいたのは、残念ながら1997年に亡くなる前の数年間であったといえるだろう[9]。1990年代半ばに包摂／排除の問題に関する数々の注目すべき論文が発表された。包摂／排除の問題がもっとも系統的に取り上げられた論文は、ルーマンの著作シリーズのひとつである『社会学的啓蒙』最終の第6巻（1995年）に収録されている「包摂と排除」論文（Luhmann 1995＝2007）であった。またルーマンの生前最後の著作となった大著『社会の社会』（Luhmann 1997＝2009）の「第4章　分化」の「第3節　包摂と排除」は、先に述べた「包摂と排除」論文と同様に注目されてよいだろう。この2つは、機能分化社会における包摂／排除の問題を捉えるさいの、ある意味では「古典的な」位置を占めている。この2つの代表的な論文に加えて、排除および社会的不平等の問題が機能分化した現代社会の構造的帰結であり、そうした排除の問題の処理を怠れば機能分化の危機につながることに注意を喚起した2つの論文、すなわち「野蛮を超えて」（1995b）および「南部における因果性」（1995d）を加えた4つの論考に注目する必要があろう[10]。

　「包摂と排除」論文（1995）を中心とする晩年の諸論文において、ルーマンは現代社会においてかなりの数の人びとが排除されている現実を繰り返し指摘して

---

[9] 長岡（2006: 544-5）は「1990年代に唐突に現れたものではない」と注意を促し、『社会の経済』（1988年）に言及している。

[10] 長岡（2006: 571）は前3者を挙げているが、「南部における因果性」（1995d）も排除の問題を主題的に取り上げた論文といってよいだろう。

いる。「まず現実を眺めよう。多くの国々において——とくに途上国において、しかしブラジルのようにすでに高度に工業化した国々においても、そして或る程度はアメリカ合衆国においても——住民の相当部分が排除されている状態で生き延びているということは容易に確認できる」(Luhmann 1995: 259＝2009: 231)。ルーマンは、いわゆる発展途上国においてかなりの数の人びとが排除されているだけでなく、高度に工業化された国、とくに世界第一位の経済力を誇るアメリカの底辺部においても排除が見出される事実を指摘している。ルーマンは、こうした排除の問題が今後より大きな問題となりうること、つまり一方において少数の人びとだけが包摂される包摂領域 (Inklusionsbereich) が形成されるのに対して、大多数の人びとが社会の多様な部分から排除されそこに固定される排除領域 (Exklusionsbereich) が形成される社会の新たな根本的な隔絶が生み出されつつあることを指摘している。

　　……包摂領域と排除領域とのあいだに殆ど架橋できない裂け目が広
　　がり、それが社会システムの第一次的分化の機能を果たす傾向がみられ
　　る、といってもよさそうである。これは、住民の大部分がもろもろの機
　　能システムの作用圏への関与から極めて安定的に排除されているという
　　こと、そして垣根の向こうの包摂領域では考えられないような別種の安定
　　化形式が樹立され、もろもろの機能システムの作用圏のチャンスを寄生的に
　　(parasitär) 利用し、このネットワークを維持するために、包摂独自のメカ
　　ニズムと排除独自のメカニズムを形成しているということである。

　　　　　　　　　　　　　　　　　　　(Luhmann 1995: 250＝2009: 219)

　こうした排除領域におかれた者が包摂領域へと移動できる可能性はきわめて低く、あらゆる機能システムにあらゆる人びとが包摂される全包摂という現代社会の

包摂要請には遠く及ばない現実が生じている。いいかえれば排除と排除が連動し固定化され結果として排除領域（例えばゲットーやスラム街）が形成されているといわざるをえない現実が現れている。

## ○包摂と排除の定義

　ここで、ルーマンが包摂と排除をどのように定義したかを確認しておこう（本書の最重要概念であるため、繰り返し確認されるだろう）。「包摂は（したがって排除も）、人間がコミュニケーションの関連において指定される仕方、つまり有意味（relevant）とされる仕方（伝統的な用語法に従って、人間（Mensch）が『パースン[11]』（Person）として扱われる仕方、といいかえることもできる）にかかわるにすぎない」（Luhmann 1995: 241＝2009: 208）。いいかえれば、包摂というのは、そのつどのコミュニケーションによって人間が「有意味な者」あるいは「関係のある者」（relevant）とみなされること、つまりはコミュニケーション・システムの一時的なメンバーとして顧慮されることであり、それとは反対に排除はコミュニケーションにとって有意味な存在として顧慮されないことだけを表している。例えば、商品を購入する（支払う）消費者としてそのつどの経済的なコミュニケーションにおいて明確な「所在[12]」を占めることが、経済システムにそのつど一時的に包摂されるということである。それに対して、（経済システムにおける）排除は、貨幣を支払ったり受

---

⑪ ルーマンの著作の邦訳者の多くがPersonを「人格」と訳し、文脈によって「人」や「人物」と訳し分けている。しかしながら、ルーマン（1995a）がPersonをUnpersonと対比する概念（ルーマンの用語でいえば形式（Form））として提案したことを踏まえれば、さらには後述するように包摂／排除の議論にとってUnpersonが極めて重要な概念のひとつであることを踏まえるならば、PersonとUnpersonを統一的に訳す必要がある。ルーマンはPersonを、ある個人に対して「……行動の可能性が個人に認められるさいの制限として規定しなければならない」（Luhmann 1995a: 148=2009: 127。傍点は原著者）と定義しており、そのつどのコミュニケーションにとっては有意味ではない（irrelevant）ため当該コミュニケーションには顧慮されないその人の側面（行動可能性）を指しており、当人がじつは抱えている側面（例えば、ある野球チームの強烈なアンチである、重度の食物アレルギーを抱えている等）をUnpersonは意味している。つまり、Unpersonは、当人がそもそも持っていない行動可能性ではなく、持っていてもそのときのコミュニケーションには関連がない側面を指す。それゆえ、コミュニケーションのなかで、ひょんなことから相手のUnpersonにかかわる話題に踏み込んでしまった場合、まさに「地雷を踏む」かもしれない。そのとき、Unpersonだった部分は、そのときの関係者にとって、相手のPerson（その人に期待される行動可能性）に新たに組み込まれ、Personが更新される。この意味で、Personを「人格」と訳したからといってUnpersonを「非人格」（匿名的、非人間的、反道徳的等の意味合いに近いもの）と訳すことはできないのではないか。こうした事情から、包摂と排除をテーマとした渡會（2006）は「パースン／非パースン」の訳を選択したと思われる。そしてルーマン（1995a）の訳者である村上はUnpersonを「没人格」と練られた訳語を提案しており、おそらく当該コミュニケーションにおいて「ライト（光）」が当たっていない部分を「没」と表現したと解釈してよければ、Personを「（明）人格」ないし「（陽）人格」に対して、Unpersonを「暗人格」ないし「陰人格」といった訳も可能かもしれない。いずれにしてもPersonとUnpersonを対概念としたルーマンの意図を考えれば、Personの訳語はUnpersonの訳語とセットで考える必要があるだろう。本書では、適訳といえないながらも、暫定的に「パースン／非パースン」を用いる。

⑫ このコミュニケーションにおける「所在」というのは、フックスの「社会的アドレス（soziale Adress）」を指している。補論1を参照。

け取ったりする経済的なコミュニケーションのメンバーとして（消費者として、あるいは労働者として）顧慮されない事態を言い表している。したがって、経済システムからの排除が繰り返されることは、その人が所得を得ることができないことや、商品を購入できないこと等の排除された当人にとってみれば社会生活の重要な一側面が脅かされる事態を言い表している。その他にも、教育システムからの排除は教育を受ける者として顧慮されない（在学・在籍できない）ために、必要な知識や技術や資格を習得する機会をもつことができない結果を招く事態を意味しているし、法システムからの排除は犯罪被害など法的権利が侵害されたさいに法的権利が守られるべき者として顧慮されることがかなわない事態を意味する。

## ○機能システムが孕む問題

　現代社会では、人びとはそれぞれ多様な機能システムのコミュニケーションに参加している。つまり、経済、政治、法、教育、家族、宗教、科学（ないし学問）など多様な機能システムに包摂されることによって、はじめて生活に必要なさまざまなニーズや欲求を満たすことが可能になっている。そうだとすれば、機能分化社会では、数々の主要な機能システムにおいて各人がその恩恵にあずかることができる者（商品を購入する者、教育を受ける者など）として顧慮される、つまり包摂されるかどうかは個々人にとって死活問題といってよいほど重要なことである。

　そうであるにもかかわらず、こうした主要な機能システムへの包摂それ自体が問題を孕んでいる。というのも、それぞれの主要な機能システムは、その機能システムの一員としての役割を担う力量をより備えた人を包摂するという傾向を有しているため、少なからぬ人びとが、そして国や地域が、包摂要請を旨とする機能システムから排除されるという事態が出来しているからである。晩年のルーマンは、機能システムが自らの機能に即した合理性を追求するために人びとを不平等に扱っていることが、現代社会における大量の排除の不可避的な排出を強化していることを指摘

した。「世界社会のそれぞれの機能システムがそこに見出される不平等状態を典型的に強化しているのである。なぜなら、そうした機能システムにとっては、そうした［先進国と途上国の］相違を、つまり不平等状態を利用することが合理的だからである」（Luhmann 1995d: 19）。例えば、経済システムにとっては、「支払い能力のある者だけが信用されて金を借りることができる。他方において、企業にとっては、低賃金諸国の労働を求めて、そこに企業が移動する」（Luhmann 1995d: 19）。つまり、経済システムは、無職者よりも有職者を包摂するほうが、さらには仕事に必要な能力が低い（いわゆる「仕事ができない」）者よりも仕事の能力が高い（頭の回転が早く・人脈が広く・場を和ます影響力をもつ）者を包摂するほうが経済合理性の追求に有利なのであり、また企業はいわゆる先進国よりも発展途上国の低賃金労働者をあてにすることが経済合理性の追求に有利なのである。あらゆる機能システムへのあらゆる人びとの平等な包摂を可能にする理念とは裏腹に、それぞれの機能システムにおいて排除を生み出す傾向は、フックスらによって、「排除偏流（Exklusionsdrift）」（Fuchs/Schneider 1995: 209）と特徴づけられた。全包摂を理念とする現代社会において、現実には、機能システムが不平等を生み、排除に向かう傾向を強力に有する。いいかえれば、包摂要請が掲げられたにもかかわらず、というよりも包摂要請が掲げられたからこそ、包摂が未だ実現されない状態、つまり排除の現実がいっそう先鋭化して認識されるという逆説的な事態がみられる。

## ○累積的排除

　しかも、排除の問題をさらに深刻なものにする特徴が機能分化という社会構造に孕まれている。例えば、ルーマンが挙げた例を示すと、「あるひとつの機能システムから事実上排除されているということが他のシステムにおいて得られるものを制限してしまう――職がない、収入がない、身分証明書がない、安定した親密な

関係を取り結んでいない、契約を結べない、裁判による権利保護を受けられない、選挙における政治キャンペーンをカーニバルの催しから区別できない、字が読めず医療と食料給付とを十分に受けられない——」(Luhmann 1997: 630＝2009: 926) といったある機能システムからの排除が、他の機能システムからの排除と連動する問題である。これは「累積的排除」(ないし蓄積的排除) と呼ばれる。さらにフックスらは、「副作用効果 (Spill-over-Effekte)」(1995: 210) と呼び、別の個所で「複数排除の一般化効果 (Generalisierungsfolgen von Exklusionen)」(Fuchs 2000: 166) と補足説明をしている。累積的排除は、機能分化という構造ゆえに生じる。機能システムの高度の専門化および自律化は、機能システム間の相互負担を作り出し、しかもそれぞれの機能システムによってそれが除去され克服されうるかどうかは予知しえない (Luhmann 1995d: 20)。

　排除が連動する事態は、社会学的システム理論以外の多くの研究でも指摘されることである。代表的な論者を挙げれば、例えば中村 (2007: 52) は「累進性」とまとめ、岩田 (2008: 24-8) は困窮の複合性や連鎖のプロセスという見方を紹介している。前節で紹介した、ホームレスの「おっちゃん」が辿ってしまった道もまさに累積的排除であったし、低所得者や失業者は累積的排除の「予備軍」といえるだろう。本書では、これらの排除と排除の連動や蓄積という「現象の指摘」に、機能分化という特徴をもつ現代社会の構造的な帰結として排除を捉える社会学的システム理論の知見を加えたいと考える。

## ○排除は連動するが、包摂は連動しない

　以上のように、現代の排除の問題の特徴は、機能システムにおける排除偏流およびそれぞれの機能システムにおける排除と累積的排除の問題として際だって現れている。ところが、その一方で、社会構造上、包摂は連動しないとルーマンは述べる。「富があるからといって直ちに、資産家が政治的な影響力を持ち、芸術を理

解し、愛に恵まれる、ということにはならない」(Luhmann 1995: 249＝2007: 218-9) のである。つまり、機能分化した社会では、ある機能システムにおける包摂と別の機能システムにおける包摂が互いに影響を及ぼす度合いは小さい。というのも、「機能的に分化した近代社会は、構造上の理由によって、社会が包摂を一体として規律することを、断念しなければならない。社会は、包摂に関する規律を各機能システムに委ねる」(Luhmann 1995: 246＝2007: 214) からである。もちろん、機能分化社会であっても個人がどのような生殖家族に生まれたかによって、その人がいかなる機能システムにどのように包摂されるか (学歴、職業、趣味、結婚相手) がかなりの影響を受けるけれども、前近代の階層分化社会のように包摂されるサブシステムが一体的・全面的に規定されるわけではなくなっている (第3章第3節参照)。機能分化社会では、ある人間のある機能システムへの包摂が、その人間の他の機能システムへの包摂に対して原則的に直接的な影響を及ぼす関係にはない。ある機能システムの包摂とある機能システムの包摂の相互の結びつきの度合いは、構造上、緩やかなのである。

　これに対して、累積的排除の問題が示すように、排除の問題は逆の様相を呈している。ある機能システムからの排除は他の機能システムからの排除を誘発しているのであり、いいかえれば機能分化を遂げた現代社会における排除と排除の結びつきの度合いは緊密であることをルーマンは喝破している。「排除領域は、これ [包摂領域] とは逆の相貌をみせる……[排除について] 社会は高度に統合されている」(Luhmann 1995: 259＝2007: 232) のである。ここで通例の意味とは異なってルーマンが用いている統合は、「自由度の相互的制約」(Luhmann 1995: 238＝2007: 205) を意味している。この排除領域は、機能分化によって生み出されているものの、「機能分化は自己の排除領域を秩序づけることができない」(Luhmann 1995: 260＝2007: 233)。というのは、それぞれの機能システムは包摂をおこなうばかりであって、排除された人に対しては無関心であり、他のい

ずれの機能システムもそれぞれの機能システムからみて排除された人に対しては構造的に無関心だからである。第2章第2節で確認するように、オラフ・マース（Olaf Maaß、2009）は、この構造的特徴を「タクトロス」（思いやりの欠如）と呼ぶ。この点に、機能分化という社会構造的な理由から排除が連動するポイントがあるといってよいだろう。それゆえ「……排除問題は社会というシステムの機能分化の直接的な帰結である」（Luhmann 1997: 631＝2009: 927）[13]。

## ○排除を監督するような中心的な審級はもはやない

それゆえ、機能分化社会では、排除の問題を各機能システムが自主的に解決することなど期待することはできないし、また社会全体を監督し排除を解決するような中心的な審級もありえないのである。「社会というシステムが機能的に分化するとともに、包摂と排除の関係の規制は、機能システムへと移って行く。この点に関して部分システムを監督する中心的審級などもはや存在しない」（Luhmann 1997: 630＝2009: 926）。しばしば、政治システムがそのような中心的な審級の機能を果たしていると考えられることはあるが、政治システムでさえもそうした社会全体の舵取り役であるとはもはや考えられないのである（Luhmann 1981＝2007）[14]。機能分化社会は、社会全体を一望的に俯瞰し、コントロールするような中枢的な審級を欠いているのであり、つまり「機能的に分化した全体社会は、頂点も中心もなしに作動する」（Luhmann 1997: 803＝2009: 1095）のである。

以上述べたとおり機能分化を遂げた現代社会の主要な機能システムにおける排除偏流および、それぞれの機能システムにおける排除の連動としての累積的排除（副作用効果）として総括される排除の問題は、それぞれの主要な機能システムが自律的に処理しうる範囲を越え出た問題となっている。いいかえると、社会全体的なコントロールの中枢審級を欠いた機能分化という構造ゆえに、現代社会における排除の問題の総体的な解決は不可能であることを晩年のルーマンは明確に認識

[13] ただし、訳書ではこの引用部分がおそらく訳し漏れになっている。そのため、長岡（2006: 541）の訳文を引用した。
[14] この点については、第2章第1節を参照。

し、かつ排除が増大した場合に各機能システムにどのように跳ね返ってくるかを懸念していた（Luhmann 1995: 261＝2007: 234-5。ボルフ 2014: 242-4。より詳しくは長岡 2006: 548-52）。機能分化のそれぞれの機能システムにおいて生じる排除問題が当該の機能システムによっても、社会全体としても解消できないのだとすればどうすればよいのか。現代ドイツの社会福祉（Soziale Arbeit）研究（第2章第1節参照）において、主要な機能システムにおける排除の問題を解決する新たな二次的な機能システムとして、Soziale Arbeitを捉えようとする数々の研究が現れている。

## 第3節　排除の問題の処理を担う社会福祉

### ○社会学的システム理論とSoziale Arbeit研究の接点の端緒

　前節で確認したように、現代の排除の問題が機能分化の構造的帰結であることをルーマンは指摘し、排除の問題を取り扱う新たな機能システムが形成されるだろうという見込みを述べていた。「したがってむしろ、機能分化から帰結する排除を扱う新たな二次的な機能システムが形成されることを当てにすべきだろう」（Luhmann 1997: 633＝2009: 930）と晩年のルーマンは指摘した。機能分化を遂げた現代社会における排除の問題を独自に処理する二次的な機能システムが必要であるとするルーマンの見立てに早々と応えたのが、ルーマンの主要な二人の弟子である、ディルク・ベッカー（Dirk Baecker、1955−　　）とフックスであった。両者は、二次的な機能システムとしてのSoziale Arbeitシステムの必要性を早くも1990年代の半ばに主張している。このベッカーとフックスの提言を、さらに具体的に展開したのは、マース（2009）であり、第2章で取り上げる。1990年代半ば以降、機能分化を遂げた現代社会に関するルーマンの分析とその社会で発生している排除の問題を考察するためのルーマンの包摂／排除−図式に、現代ドイツの社

会福祉（Soziale Arbeit）[15]研究者の一部が熱い視線を寄せるようになったのは相当の理由があった。

## ○火付け役のベッカー

　その火付け役となったのは、ベッカーが機能システムとしてのSoziale Arbeitを初めて本格的に論じた「社会の機能システムとしての社会的援助」という論文（Baecker [1994] 2007）[16]であった。（Soziale Arbeitに加えて失業支援等の保険給付を含むやや広い意味で捉えられた）社会的援助（soziale Hilfe）がいかなる機能システムなのか、またいかなる社会的機能[17]を有しているのかに関する議論が、この論文によって沸騰することになった。ベッカーは、援助／非援助（Helfen/Nichthelfen）をコードとし、「（他者への）思いやり（Fürsorglichkeit）」メディアを使用することによって、各機能システムから排除された人に対して「代理的包摂（stellvertretende Inklusion）」（他の機能システムへの包摂に送り出すことを見越して生活資金の給付等をおこなうことなど）を社会的援助システムが担う機能と捉えた。「社会的援助は、機能システムによって引き起こされる排除の問題を引き受けている。社会的援助は、代理的包摂をおこなっている」（Baecker 2007: 226）。こうしたベッカーの論文の最大の魅力は、排除された人びとに対して、代理的包摂をとおして主要な機能システムへの包摂を果たすことが、社会的援助の社会的機能を明確に位置づける理論的な筋道を切り開いた点にある。「……社会的援助のシステムが遂行している代理的包摂を［主要な機能システムへの］包摂へ転換することができる場合にのみ社会的援助のシステムの機能は果たされている」（Baecker 2007: 224-5）。こうしてベッカーは二次的な機能システムとして社会的援助を位置づけた。

---

[15] Soziale Arbeitは、ソーシャルワークと社会教育が密接する概念として現代ドイツでは用いられている。詳しくは第2章第1節、および小松（2013）を参照。

[16] このベッカーの論文の初出は1994年であるものの、本書で引用するさいには2007年版（Baecker 2007）を用いている。ちなみに、1994年版では脚注にあった文章が2007年版では本文に移動していたり、1994年版では脚注にあったものが2007年版では消えたりしているので、このベッカーの論文に興味のある方はご注意願いたい。この修正は、1994年の発表後に、数多く寄せられた賛否を踏まえた修正と思われる。

[17] 社会（Gesellschaft）にとっての課題の処理をルーマンは機能（Funktion）と呼ぶ。

## ○研究の流れを決定づけたフックス

　さらに、翌1995年にフックスも、このベッカーの論文と同様にSoziale Arbeit
の社会的機能をルーマン理論にもとづいて明確に位置づけようとして（しかし
ベッカーとはいささか異なる観点から[18]）、共著論文を発表している（Fuchs/
Schneider 1995）。この論文においてフックスらは、機能分化を遂げた現代社会
の社会構造が、「排除偏流」および「副作用効果」（累積的排除）を生み出してい
ることを明確に強調するとともに、同時に包摂領域において現実には包摂の不平
等が強化されていることを指摘している。「決定的に重要なのは、機能分化した社
会の包摂要請（Inklusionsgebot）が排除偏流をもたらしているということであ
る。この排除偏流は、一方においてほとんど全面的な排除（Totalexklusion）の
領域をつねに拡大しており、他方において包摂領域において（平等ではなく）不平
等を生み出している」（Fuchs/Schneider 1995: 207。傍点は原著者）。そして、
現代社会の多様な機能システム（経済、政治、法、教育、家族、科学、宗教など）
が生み出している数々の排除の問題の処理を、それを生み出した機能システムに
代わって担当しているのが二次的なSoziale Arbeitシステムであると、フックスら
は明言した。「……この副作用効果の限定、修正、補償といった機能は、Soziale
Arbeitという第二次的な主要システム（sekundären Primärsystem）によって
引き受けられている」（Fuchs/Schneider 1995: 210。傍点は原著者）。ここで
フックスらがSoziale Arbeitシステムをもって「第二次的な」と形容しているのは、
このSoziale Arbeitシステムが他の第一次的な機能システムよりも社会にとって
の重要性が劣っていることをけっして意味しない。他の第一次的な機能システムの
副作用効果として生み出された排除問題をそのシステム自身では処理しえないがゆ
えに、それに代わって取り上げて処理するという時間的な意味で「二次的」といわ
れているのである（Fuchs/Schneider 1995: 204）。さらにいえば、包摂要請が

---

[18] フックスらは、コードを「ケース／非ケース（Fall/nicht Fall）」、メディアを「クライアントの構成」と提案したが、ベッカー（1994）の基本的な立場には賛意を示している。

掲げられながらも機能分化を遂げた現代社会のそれぞれの機能システムは実際には排除を生み、しかし当該の機能システム自らでは処理しえないがゆえに、Soziale Arbeitが再包摂の機能をどれだけ果たせるかということこそ機能分化を遂げた現代社会の存立にとって決定的に重要な問題であるとフックス（ら）はみている[19]。

　以上みてきたように、ベッカーの1994年の論文が火付け役となって、またそれに触発されて、翌1995年に著されたフックスらの論文によって、ルーマン理論にもとづいて、現代の機能分化社会における排除の問題を担当するものとしてSoziale Arbeitシステムの機能を位置づけようとする議論が、ルーマンの有力な直系の弟子の二人によって提起されたのである[20]。

　さらに、ルーマン自身も「包摂と排除」（1995＝2007）、「野蛮を超えて」（1995b）、「南部における因果性」（1995d）および『社会の社会』「第4章　分化」「第3節　包摂と排除」（1997＝2009）という一連の論述によって、機能分化社会における構造的な排除問題の重大性を指摘したことが、こうした二次的な機能システムとしてSoziale Arbeitを捉える大本であったことを改めて確認しておきたい。この機能分化社会に関するルーマンの考察を前提として、排除の問題とSoziale Arbeitに関する議論が蓄積されていくなかで、2000年以降は排除問題に関する個別領域ごとの研究群、例えば障害者福祉、予防、医療組織、福祉国家論などが、さまざまな個別領域においてみられている（こうした経緯については第2章第1節参照）。

## 第4節　社会福祉における「関係性」の視点

### ○親密な関係、人と人との相互浸透

　前節で確認したように、現代社会における排除の問題を担当し、再包摂を目標と

---

[19] ルーマンは、現代社会が取り組むべき問題として環境問題を挙げ、同等の注目に値する（しかも解決の手立てがない）ものとして排除の問題を位置づけた（Luhmann 1995: 258=2007: 235）。長岡（2006: 538）はもうひとつ個人の個（人）性を第三の構造的帰結の問題として指摘している。

[20] 反対に、機能システムではないとする論者も少なくない。せいぜいSoziale Arbeitの組織ないしちりぢりに実践されている援助の相互作用の集まりという捉え方や、福祉国家のような政治システムの一部とする見方もある（Bommes/Scherr、Merten、Hillebrandt等）。

する機能システムとして社会福祉が捉えられる。しかしながら、これまでの叙述に
おいて取り上げられている人間は「人びと」として捉えられる一般論の水準であっ
て、この水準だけに留まるならば、社会福祉が対象とすべき個別個別の人間の水準
とは隔たりがあるといわざるをえない。社会福祉が援助の原則のひとつとして「個
別化の原則」を掲げているとおり、社会福祉の対象は、抽象化された人間一般で
はなく、その人なりの歴史のなかで、個別具体的な状況を日々生きる個別的な人間
である。以上のように現代社会における排除の問題の由来を探ってきたうえで次に
問われるべきことは、こうした現代的な排除の問題に対して、いかなる視点のもと
で社会福祉の援助がなされるかを明確にすることであろう。

　ここで包摂と排除の意味を改めて確認しておこう。「包摂は（したがって排除
も）、人間がコミュニケーションの関連において指定される仕方、つまり有意味
（relevant）とされる仕方（伝統的な用語法に従って、人間（Mensch）が『パー
スン』として扱われる仕方、といいかえることもできる）にかかわるにすぎない」
（Luhmann 1995: 241＝2009: 208）と定義されていた。別様にいえば、包摂
は、コミュニケーションのプロセスにおいて「パースンが社会的に顧慮されるチャ
ンス」（Luhmann 1997: 620＝2009: 915-6）であり、それとは反対にある人
がそのつどのコミュニケーションのメンバー（送り手ないし受け手）として顧慮さ
れないことが排除である。こうしたルーマンの定義は、包摂概念の主眼をその人
がコミュニケーションのメンバーとして顧慮され、誰かに呼びかける存在として
または誰かから呼びかけられる存在として、つまりコミュニケーションの「宛先」
として認められる点においているといってよい。コミュニケーションを要素とする
システムとして社会的システム（soziale System）（別名コミュニケーション・シ
ステム（Kommunikationssystem））が捉えられていることが端的に示してい
るように、ルーマンの社会学的システム理論の最重要地点にコミュニケーション
（Kommunikation）は位置している[21]。このコミュニケーションにどのように人間

<hr>

[21] ルーマンにとって、社会的システムの要素は人間では断じてない。また、システムを「全体／部分―図式」ではなく、「システム／環境
　―図式」でみており、つまり人間は社会的システムの環境（Umwelt）に位置する。ルーマンの理論に関する基本的な文献として、長岡
　（2006）,馬場（2001）。またボルフ（訳2014）第2章はコンパクトに整理されている。

がかかわることができるか、もしくはできないかという人間（詳しくは心理システム（psychische System））と社会（コミュニケーション・システム）の根本的な関係に関連づけて、ルーマンの包摂／排除は捉えられているのである。

　それを前提として筆者は、以下で確認するように、コミュニケーションのメンバーとして顧慮されるか顧慮されないかは、2つの次元に分けて捉えることが排除された人の包摂に取り組む社会福祉にとってむしろ重要な点であると捉えている。ルーマンに代表される社会学的システム理論の包摂／排除の射程を本書で明らかにしたい。

　先にも述べたように、「個別化の原則」が掲げられているとおり、社会福祉の対象は、抽象化された人間一般ではなく、固有名をもつ個別の存在としての人間である。ルーマンは、人間が個別的でパーソナルな存在であることができるのは、個別的存在として自らが扱われることを相手に求めても、それが相手から許容されるばかりか、むしろ個別的存在であることが相手からかえって強く要請される特有の社会関係においてであるとして、そうした関係を愛（Liebe）の関係と呼び、親密な関係ないし人と人との相互浸透というテーマのもとで論じている（Luhmann 1982＝2005）。ある人間が個別的でパーソナルな人間でありうるのは、その相手も同様に個別的でパーソナルな存在であることが積極的に認められているコミュニケーションにおいてのみであろう。反対にいえば、相手がパーソナルな関係を結ぶ気がなく、むしろ社会的な役割に徹したコミュニケーションを求めている場合、こちらがその相手とパーソナルな関係を結ぼうと話しかけても、成功する見込みは大変低い。そうではなく、「人間の個人的で唯一無二の性質が、最終的には原則として個人のどんな性質でも重要になる社会関係が可能になってくる。この関係を、人と人との相互浸透という概念で特徴づけることにしたい。こうした関係を親密な関係ということもできる」（Luhmann 1982: 14＝2005: 12。傍点は原著者）。

　こうした親密な関係においては、相手の一挙手一投足がこちらにとって重要な意

味を持ってくるのであり、外部の第三者からはあまり意味を持たない些細なことがらであっても親密な関係にある両者にとっては特別な意味を持ちうる。そうした関係ないしコミュニケーション・システムが愛の関係ないし親密な関係である。個別的存在としての人間にかかわる社会福祉にとって、互いが個別的存在とみなされ、扱われ、尊重されるこうした親密な関係（というコミュニケーション・システム）の視点を参考にすることに意味があるだろう。

## ○「関係性」の視点

　社会福祉研究にとって、こうした人間の個別性が尊重される対人関係（Interpersonal Relationship）の視点の重要性を明確にしたのは、人との関係を生きる人間存在の「関係性」の次元に焦点を当てている早坂（1991）ならびに足立（2003、2005、2006）の議論である。早坂・足立の「関係性」の視点もルーマンの親密な関係の視点も、人間は個体的存在としてだけではなく、人との関係において初めて個々の人間のありようが明らかになるという関係論的視点において通底していると筆者は考える。現代の社会福祉研究にとって、この「関係性」の視点ならびに親密な関係の視点が重要であることを明確にするために、（いささか迂遠なようだが）社会福祉の固有性をめぐる岡村重夫の議論の難点を取り上げる足立（2003）の議論を手がかりとしたい。したがって、以下では主に足立の議論を追うことによって、結果として現代の社会福祉ならびに包摂の論理にとって「関係性」の視点がもつ意義を明らかにしたい。

## ○岡村重夫の「社会関係」

　日本において社会福祉の固有性、隣接領域にはない社会福祉の独自性とは何かについて、最も示唆に富む提言をしたのが岡村重夫であるとする立場には、今日でも広範な同意がみられるだろう。しかしながら、以下でみていくように、岡村はいわ

ば「機能性」に関する社会福祉の視点にとどまり、岡村本人の当初の目標とはズレが生じている。本書で岡村にこの指摘を向けるのは、岡村ひとりの問題ではないが最も権威ある岡村にも孕まれる問題であることを確認することによって、現代の社会福祉につねに問われている問題であることを示すためである。社会福祉基礎構造改革において謳われている「利用者主体」、「自立した個人」、「社会連帯」、また近年の「地域包括ケア」等をめぐる諸議論において登場して久しい「住み慣れた地域で」、「その人らしく生きる」といった言葉が、一般化され抽象化された機能的な存在としてのみ人間を解する視点から理解されるならば、つねに人との関係を生きる個別的存在としての人間にとっての社会福祉の援助を、真に実現するための有効な理念にはならないと危惧される。これらの理念をたんなる「美辞麗句」に終わらせないためには、社会福祉基礎構造改革をはじめとする現代社会福祉の基本路線が、以下で確認するように「関係性」の視点から理解されることが不可欠であると思われる。本節では、以下でみるように岡村でさえつまずいたと思われる地点を確認することによって、社会福祉研究にとってルーマンの包摂／排除－図式がどのような意義をもつと考えられるのかを、よりいっそう明らかにすることができると思われる。

　岡村は、社会福祉が対象とする、個人の生活困難を、個人の問題ではなく、「社会成員が、社会生活の基本的要求を充足するために、社会制度とのあいだに取りむすぶ……『社会関係』」（岡村 1983: 84）において生じる困難であることを明確に書き留めていた。現代の「分業社会」において「社会関係」は多数になっており、また「専門分業化された制度は、自分の専門に属さない他の制度が個人に何を要求し、どんな役割を期待するかについて認識し、理解する能力をまったくもたない」（岡村 1983: 87）がゆえに、個人の側では各社会制度からばらばらに課される期待を調整することが求められている。すなわち、「各社会関係には、(1) 各制度の側から利用者個人に向かって要求し、規定する側面 (役割期待) と、(2)

専門分業化した制度からみれば別個、無関係な多数の社会関係を、自分のものとして統合調和させて実行しなければならない側面（役割実行）とがある」（岡村1983: 88）点を見定め、岡村はこれを「社会関係の二重構造」（岡村 1983: 90）と呼ぶ。そして、(1)を社会関係の「客体的側面」、(2)を社会関係の「主体的側面」として区別し、「社会保障でもなく、医療や公衆衛生でもなく、また教育でもない、まさに社会福祉固有の対象領域」（岡村 1983: 68）として、「社会福祉は社会関係の主体的側面の困難に着目する援助として、他の社会制度や援助と区別される」（岡村 1983: 91）とする社会福祉の固有の視点を明示しているのである。こうして社会関係の「主体的側面」にかかわる社会福祉的援助の4つの原理を「社会性の原理」、「全体性の原理」、「主体性の原理」、「現実性の原理」であるとして、「この4つの『援助の原理』は援助の目的を指示するものである。つまりこの4つの原理を実現した人間は、いわば福祉的人間像とでもいうべきものであって、それは社会福祉的援助の理念としての人間像である」（岡村 1983: 115）としている[22]。

このように岡村が提起した「社会関係」の「主体的側面」はいかなる社会福祉援助によって実現されるのであろうか。岡村は、社会福祉以外の生活関連諸施策が基本的には人間の「客体的側面」にしかかかわっておらず、いいかえれば抽象化されたインパーソナルな視点でしか人間を捉えていない点を的確に取り上げることによって、人間の「主体的側面」への着目に社会福祉の固有性を見定めたのであった。現代の「分業社会」においては多様な諸制度から別々に異なる要求をされるので、そうした要求を自らでうまく適合するように調整しなければならない。それが岡村のいう人間の「主体的側面」である[23]。

[22] さらにもうひとつ、岡村が注目される点は、「社会福祉の対象」のひとつである「社会関係の欠損」の指摘において、「個人のもつある特定の客体的社会関係の欠損が、それだけでは終わらずに、やがてそれが他の社会関係に波及して主体的側面にも影響してくる」（岡村 1983:110）という現代の「累積的排除」に類する問題にも目を向けている点であろう。岡村は「社会福祉の対象」として、(1)社会関係の不調和、(2)社会関係の欠損、(3)社会制度の欠陥の3つを挙げているものの、(1)と(3)はここでの議論とは直接関連しないので取り上げない。ちなみに、(1)社会関係の不調和はなんとか社会関係を維持しているような社会関係の欠損の前段階の問題状況であり（岡村 1983:108）、また(3)社会制度の欠陥は、制度が硬直性をもつために多くの人にとって(2)社会関係の欠損を生じさせ、またその改善が見込まれないような社会状況をさしている（岡村 1983: 112）。

[23] 重度の認知症高齢者や重症心身障害児のような通常のコミュニケーションができない（とみなされやすい）場合、岡村の「主体的側面」はどのように考えればよいのだろうか。第4章で取り上げるフックスの「包摂システム」からすれば、岡村のいう「主体的側面」は、コミュニケーションをとおして「送り手性」の回復という重要の他者から与えられるものではないか。岡村も、地域福祉の文脈という別の文脈でだが、援助の必要な住民個人と専門職者のあいだに、援助の必要な住民個人の課題に対する「共鳴者」としての住民を考えている場合、「主体的側面」の発揮には他者との関係をとおして主体性が成り立つと考えていたのではないだろうか。

## ○岡村のつまづき

　だが、こうした「主体的側面」の把握が、社会福祉固有の対象理解としては指摘されているものの、そうした主体的側面への援助とはいかなる援助なのかを論じる段になると、岡村の「主体的側面」の着想は綻びをみせる点を足立（2003）は鋭く指摘する。すなわち、社会制度から要求される複数の役割への人間の適応過程において欠陥が生じた場合に、社会福祉援助がなぜ、どのようにおこなわれるのかについて岡村は、「第一には、もしその欠陥を放置すれば、各社会制度が個人に対して要求する社会的役割が実行されないで、そのために制度的機能が低下するからである。第二には、制度的には独立の各々の社会関係が、個人の生活においては相互に関連し合い、また規定し合うものであるために、これを全体的に調和した状態におかなければ、個人の社会生活が困難になるからである」（岡村 1963: 138。傍点は引用者）。このような社会福祉援助の捉え方は、社会生活の機能面における人間理解、いいかえれば「平均化され、分業的に機能化された『もの』」（岡村 1963: 136）としての「客体的側面」における人間理解の表れであるといわざるをえないだろう。

　このように岡村は、社会福祉の対象理解においては「主体的側面」の概念が発揮されているものの、それでは問題を抱える人にいかなる社会福祉援助をおこなうかに関しては、ただ「制度的機能が低下」しないように個人を適応させ、諸制度からの役割要請をうまく調和することと捉えている。いわば社会福祉援助が、機能的な回復という水準で捉えられているといわざるをえない。つまり、「主体的側面」という岡村の着眼は、社会福祉的援助の方法としては十分に概念化されていないといっても過言ではないだろう。いいかえれば、岡村が述べている社会福祉的援助は機能的にみて調和した状態への回復として、人間を「客体的側面」から捉えた援助理解、ないし機能面での援助理解にとどまっているといわなければならないだろう。こうした点を足立は次のように指摘している。

極言のそしりをあえて覚悟でいえば、岡村社会福祉論のかかえる方法論的問題として、その社会福祉固有の視点が、その対象把握においては、個人の社会関係の主体的側面としてきわめて説得力をもって概念化されているにもかかわらず、他方、そこにおける援助の方法に関しては、個人の主体的把握そのものとしてはかならずしも十分概念化ないし方法化されていない……個人の社会関係の主体的側面における援助の意味が、その対象把握において否定された機能主義的思考によってむしろ説明され、概念化されているという点である。

（足立 2003: 33）

　足立はこのように述べ、岡村の「主体的側面」における人間理解がせいぜいのところ「＜機能的に統合されたという意味での全体的な個人＞として捉えられているにすぎ」（足立 2003: 34）ないと指摘する。

　岡村の業績を高く評価するからこそ、足立は、人間を「主体的に」把握することをより方法論的に明確にしようとしている。足立は、人間を「主体的に」把握することと、人間を機能的に理解することを峻別する。岡村が述べていたように、当人が経済的困窮にある場合には経済的支援をし、病気に伏せている場合には医療サービスを支援し、人との関係で困っている場合には人間関係の調整をするといった機能的な理解のみでは、社会福祉の援助は十分ではないだろう。社会福祉の援助は、足立がいうように「その人にとっては、単に＜機能＞としてだけでは把握しきれない、全体的、かつ人間的な＜生きられている世界＞の体験」（足立 2003: 36）に焦点が合わせられなければならないのではないだろうか。

## ○存在論的事実と人間関係学

　足立は、社会福祉の方法論を明確化するにあたって、早坂泰次郎の「人間関係

学」および「関係性」の概念を提示している。早坂は、自らの人間関係学の基本的な視点を明確にするために、一般的に用いられているhuman relation(s)としての「人間関係」に対して、interpersonal relationshipとしての「対人関係」という視点を開示している。すなわち、対人関係 (interpersonal relationship) は、「人と人との関係をただ機能としてできるだけ一般的にとらえようとするhuman relationとはちがって」(早坂 1994: 9) いる。では、どのように異なっているのか。

このinterpersonal relationshipとしての対人関係の視点は、「関係性」という早坂のもうひとつの重要な概念と密接な関係にあるので、早坂のいう「関係性」とはどのようなことかを確認したい。まず確認しなければならないのは、「関係性」はモノのように目にみえる実体ではないにもかかわらず、われわれの日常的な経験を支えている意識以前の基盤であるという点である。「関係性は単なる人間関係とちがってつくることはできず、発見されるほかない」(早坂 1994: 8)。さらに早坂は、一般に用いられる「関係」という語と「関係性」の違いを際立たせることによって、「関係性」および先の「対人関係」の視点を次のように述べる。

　　関係は経験的事実であるが、関係性は存在論的事実だということもできよう。こうした関係性に眼を向けることもなく、人と人とのかかわりをただ機能としてできるだけ一般的にとらえようとするhuman relationとはちがって、対人関係（interpersonal relationship）という言葉は、こうした関係性へと開かれた概念化である……human relationの意味での人間関係とは、関係性の忘却の上に、もっぱらヒト一般の機能的連関として捉えるかかわりを、対人関係とは関係性に根ざし、多かれ少なかれそのことへの気づきとともに展開される日常的な人びとのかかわりを、関係性とはそうした日常性の底にひそみつつ——それ故に忘却され、見逃されやすい——日常性そのものを支える存在論的基礎の概念化を意味する……

　　　　　　　　　　　　　　　　　　　　　　　　　　　　（早坂 1994: 8-9)

この「関係性」は、端的に言えば、「人間は本来誰しも、一人では生きてはいない」という人間存在の「存在論的基盤」を概念化したものである（足立 2006:74。傍点は原著者）。いいかえれば、つねに人は人との関係において生きているという存在論的事実の概念化である。ここで注意しなければならないのは、存在論的事実というのは、われわれがしばしば自らの無力さを実感したときの「人は一人では生きていけない」といった情緒的感傷にもとづく感情的事実や、あるいは社会生活における機能的事実（効率的に仕事ができることやうまく人付き合いができることなど目にみえて「できる」こと）とはまったく次元が異なっている。また、人から理解を得られない場合に「どうせ人間はひとりぼっちであり、自分のことは自分にしかわからない」という独我論的他者不信にしばしば陥りやすい日常的な意識のもとでは、この「存在論的事実」は忘れ去られている（足立 2006: 73-4）。存在論的事実は、「人間は本来誰しも、一人では生きてはいない」ということであり、この存在論的事実の概念化が早坂の提起する「関係性」に他ならない。「早坂は、私たちが『関係を生きる人間』であることを、意識以前の境位において根拠づけている存在論的事実の発見として、この［関係性］概念を明確化している……」（足立 2006: 79）のである。

　「関係性」にもとづく対人関係の視点を明確にしたうえで、先に岡村重夫を例として取り上げた問題点を改めて考えてみたい。もう一度確認すると、岡村は、社会福祉の対象である社会生活上の問題を抱える人間理解においては、抽象的で機能的に人間を捉える「客体的側面」ではなく、「主体的側面」に焦点を合わせることが社会福祉の固有の視点であることを主張している。しかしながら、いざ社会福祉の援助の方法を論じるさいには、そこで登場する人間像はせいぜい「＜機能的に統合されたという意味での全体的個人＞」（足立 2003: 34）にすぎず、つまり「客体的側面」において「機能的に」（足立 2003: 34）捉えられている人間像にとどまり、現実の人間の主体的側面は忘却されているという問題だった。

## ○関係性の視点

　以上、岡村を俎上に載せることによって社会福祉にとって「関係性」の次元の必要性を確認した。「客体的側面」の視点だけでは、現代の排除の問題の分析にとって片手落ちと筆者は考える。社会的排除概念の発祥の地であるEUの議論の多くにおいても、社会政策上の文脈にあるため、やはり客観的な側面および機能的な人間の状態として社会的排除が捉えられる傾向が強い[24]。さまざまな生活手段（とくに職業、社会保険、人間関係など）の窮乏としての排除が語られるなかで、機能性の次元の包摂だけでなく、「主体的側面」への包摂をも概念化する必要があると考える。人はつねに人とのコミュニケーション（かかわり）においてそれぞれが個別的存在であることを支えられている「存在論的事実」の概念化である、人間存在の「関係性」（早坂 1994）の次元を視野に収めて概念化する必要がある。

　社会福祉にとっては、「関係性」の視点および「機能性」の視点の双方は、それぞれ必要不可欠な視点であり、一方があれば他方が不要であるといったわけではなく、いいかえれば「関係性」のみあるいは「機能性」のみを重視する立場は成り立たない。ところが、現在の社会福祉研究の多くにおいては「機能性」が注目されているか、「関係性」や「主体的側面」を視野に収めようとしても適切な概念がない現状といってよいだろう[25]。というよりも、岡村と同じように人間の「主体的側面」といい、「利用者主体」といい、人間の「個別性の尊重」を掲げるだけでなく、次に

[24] 多くの研究が蓄積されてきたこのあたりの詳細については、中村（2007）、岩田（2008）の他に、樋口（2004）、阿部（2002）、宮本（2013）などが挙げられる。概略を示せば、社会的排除は、1970年代のフランスにおいて戦後の高度成長の陰で忘れ去られてきた「社会的不適応者」（施設入所児童、非行者、アルコール・薬物依存者、精神障害者、イスラム教徒など）へと目を向けるべく提起され、1980年代後半からはEU（各国）の社会政策の主要なタームとなっている。EUでは主に社会的排除をめぐる議論の中核に二つの流れがある。ひとつにはフランスに源流をもち、個々人がいかに社会保障制度とかかわることができているかに注目する研究の流れ、もうひとつにはイギリスに源流をもち、「所得」に注目する貧困研究の流れである（阿部　2002:67）。また日本では、岩田正美らが貧困研究の一部として社会的排除の問題に取り組み（岩田・西澤編　2005；岩田　2008）、さらに阿部彩（2002；2007）による日本の状況に見合う「社会的排除指標」作成等も注目される。当初より概念および実態として社会的排除がなにを指しているかが曖昧で不透明で実相がつかみづらいことが多々指摘されているままだが、所得に限らない多種多様な問題群を捉えうるものとして、またこれまでの福祉国家のありようでは対応できない問題群を捉えうるものとして社会的排除が注目されている点は押さえられるべきだろう。

[25] 注目すべき例外は原田和広（2022）であろう。現時点では筆者の力量不足ゆえ十分な検討をおこなえていないため、ここでわずかに触れるのみであるが、「『象徴の貧困』を土台とし、それに中核としての愛着障害と社会的排除を加えたものが、筆者が提案する『実存的貧困』である」（2022: 642）と独自の概念を提示している。「実存的貧困」は本書の「関係性」の次元の議論とつながると思われる。原田は貧困、筆者は排除という基本タームの違いがあり、また社会的排除論への批判のなかで原田は「実存的貧困」を打ち出しているけれども、従来の貧困や社会的排除に関する研究の視点では漏れ落ち潜在化してしまう次元（原田は「実存的」貧困と呼び、筆者は「主体的側面」の次元と呼ぶ）を明示化しようとする点で本書と軌を一にするものではないかと現状では捉えている。いずれにしても、原田の特筆すべき点のひとつは、性風俗産業が用意する「福利厚生」に現代の社会福祉が敗北しているのはなぜかを問う点にあると思われる。つまり、社会福祉のベクトルが、女性たちが求める支援とすれちがっていることに社会福祉がどのように気づくことができるかという実践的な問いである。

それをどのようなロジックで実践的に実現していくかを支える理論的言語が必要であり、本書はそれを、早坂・足立の人間関係学の助けを借りながら、社会学的システム理論に求めている。

　ただし、岡村に向けた批判は社会学的システム理論にも向けられるべきではないか。先に素描したSoziale Arbeitの社会的機能を再包摂と捉える場合、その「再包摂」も機能性の次元にとどまっているのではないかという懸念が問われる必要があろう。そうしてみると、排除は、機能面での排除（職業、教育など生活を営むための手段からの排除）だけにとどまらない。「関係性」の次元の排除、「主体的側面」での排除は、ある人がコミュニケーションにかかわることができず、したがってコミュニケーションの相手から「発信者」ないし「送り手」として、および／あるいは「宛先」「受け手」として期待・予期 (expectation) されない問題である。いいかえれば、人との関係を生きることができる可能性が遮られることが排除の問題の根幹であることが、「関係性」という存在論的事実を十分に視野に入れない議論からは欠落してしまうのである。

## ○「関係性」の次元の包摂

　「関係性」というのは、端的に言えば人間存在の「ある・いる」次元にかかわっている。ある人間がなにかの「役に立つ」とか「有能」といった機能的な次元ではなく、その人が存在して「いる」ということの、周囲の人間からの承認をめぐる次元であるといってよい。人間という存在は「関係性」を無視して捉えることはできない。こうした「関係性」の次元での排除というのは、端的にいえば、物理的に同じ場所に存在していたとしても、他者とのコミュニケーションによって配慮されない事態である。例えば、自分以外の周りの人びとが互いに話をしているのに、自分には誰も話しかけようとしてこないというようなことである。この「関係性」の次元の排除という視点が重要であるのは、相手から関心を向けられないのならば、たとえ物理的に

はその人が存在していても、その人はコミュニケーション上は「いないも同然」であるという事態を捉えられるからである。満員電車にぎゅうぎゅう詰めで乗車する場合や渋谷のスクランブル交差点を行き交う雑踏のなかにいる場合のように、ただお互い（の身体）がぶつからないよう避けるべき物体として関心を向けられたとしても、それはコミュニケーション的存在として、「送り手」あるいは「受け手」として認められることではない。知覚はあるが、コミュニケーションはない。

　さらに重要なのは、機能的に（機能性の次元で）包摂されたとしても、関係性の次元では排除されることがあることである。例えば重度の認知症高齢者や重症心身障害児・者のような、言語でのやりとりができない（とみなされがちな）人が、せいぜいコミュニケーションの「話題」として取り上げられるような一方向的な「対象」として扱われても、つねに何かを「発信」しようとしている人として期待されないならば、機能的にも包摂されても、「関係性」の次元で包摂されているとはいえない。

　それは「関係性」の次元での排除である[26]。これは補論1で取り上げるフックスのいう「社会的アドレス（soziale Adress）」が与えられず、「パースン」として承認されない事態であり、排除はこうした存在の承認を与えられないことを意味していることはいうまでもないだろう。

　コミュニケーションのメンバーとして配慮され、コミュニケーションの関与者として認められるということは、これまでの叙述からいって包摂であることは明らかであろう。コミュニケーションのメンバーとして関心を向けられ、コミュニケーションによってその人が配慮されること、その人の有意味性や存在理由がコミュニケーション（の相手）によって承認されることは、物理的なモノのように一方的な対象として関心を向けられることとは異なる。そうではなく、そこでのコミュニケーションによっ

[26] 排除領域においては、人間が相互に期待を向け合う「パースン」ではなく、もっぱら身体(Körper)として捉えられるとルーマンは指摘している。「排除領域では、人間はもはやパースンとしてではなく身体としてとらえられてしまうことを若干のデータは示している。例えば、ブラジルの大都市に滞在して街途、広場、海岸を行き来するさいに他の人びとの身体の構え方、その自分との距離、その数を絶えず観察することが不可欠な社会的能力の一つとされる。自分の身体を実感し自分の身体を駆使して生きている、と感じる度合いは他のどこで過ごす場合よりも高いのである。外国人は特に警戒するように注意を受けても、警戒したからといってその状況を適切に判断できるわけではない。危険を察知してそれを避けるために、直感的におこなう知覚のようなものが役に立つのである。さらに逆に、見知らぬ人、あるいはまたそれ以外の攻撃目標とされる人はいうまでもなく身体として捉えられる。われわれであればパースンとしてとらえるものはすべて背後に退く」(Luhmann 1995: 250=2007: 237)。

て有意味で重要な存在としてコミュニケーションの送り手あるいは受け手として認められることが、コミュニケーション論的包摂にとっての基本的要件なのである。いいかえると、こうした「関係性」の次元の包摂が不可欠なのは、そうした包摂を基盤としてのみ人は、一方向的な対象としてだけでなく、コミュニケーションが可能になり、いいかえれば他者との関係を生きることが可能になるからである。このような視点からすると、コミュニケーション論的包摂は、コミュニケーションの当事者双方が「送り手としての社会的アドレス」ないし「受け手としての社会的アドレス」のある者として相互に存在の承認を「与える－受ける」ことに他ならない。

こうした「関係性」の次元での包摂は、支援の対象者になること（機能性の次元での包摂）だけでその意味が尽くされるものではなく、なによりもコミュニケーションの送り手として、発信者として、周囲の人間から期待され、その人の「声」を聞きたいと思われることである。いいかえれば、コミュニケーションにおける「送り手としての社会的アドレス」、いいかえれば「送り手性」の回復が、「関係性」の次元の包摂の要諦である。これはまた「日本の知的障害児の父」といわれる糸賀一雄らにも通じる。垂髪（2021）によれば、重度の重症心身障害児・者といういわゆる「縦（軸）の発達」が困難であっても、「横（ヨコへ）の発達」の可能性を発見し支えた実践も、「送り手性」（送り手としての社会的アドレス性）の回復と捉えることができる。

こうした「関係性」の次元の包摂がなければ、後述するようにいくら機能性の次元での包摂を進めても、例えば失業者が再就職先や暮らすアパートをみつけても、そうした生活を継続する意欲がつづかず、「再排除」に至るおそれさえあると思われる。

## ○「関係性」の次元の包摂がなければ再排除に至りやすい

このことを示す事例に、北九州市で30年近くホームレス支援に取り組むNPO法人理事長の奥田（2021）のケースがある。奥田は次のような苦い経験を述べてい

る（2021: 6-7）。ある路上生活者に対する長年の支援が奏功し、生活保護を受給してアパートへの入居ができ問題解決ができたと思っていたにもかかわらず、数か月後には「異臭がする」と近隣住民から連絡があり、奥田らがアパートを訪ねると、室内はごみが散乱した状態であった。その居住者は一命をとりとめていたが、「自立」して支援が不要になったわけではなかった。ここから奥田は「自立が孤立に終わっていた」（奥田 2021: 7）ことを知り、自らの支援のありように何が足りなかったかを振り返っている。そこで、「何が」だけでなく、「誰が」支援者として「つながり」つづけるかに着目するに至ったのであった。奥田は、「ハウスレス」と「ホームレス」を区別する。前者は、文字どおり住居がないことを指すのに対して、後者は「帰る（べき）ところがない」こと「心配してくれる人がいない」ことを指す（奥田 2021: 9）。いいかえれば、前者はハード面の「ハウス」がないことをあらわすのに対して、後者はたとえハード面の住居が確保されたとしてもソフト面での「ホーム」（かえるべきところ、心配してくれる人がいるところ）がないことをあらわす。先の「自立が孤立に終わっていた」経験から、ハウスの支援（居住支援）だけでは欠けている部分があったと述べている。欠けている部分というのが「ホーム」、いいかえると「他者とのつながりにおける外発的な動機による意欲の醸成」であり、「『自分の物語』を生きること」である（奥田 2021: 188。傍点は引用者）。いいかえれば、支援を必要としている人が「あの人に喜んでもらいたい」とか「あの人に恩返ししたい」と踏ん張りがきくような「誰か」としてつながりつづけることである。

　奥田の支援事例は主に路上生活者の分野におけるものであるが、奥田の知見を敷衍すれば、現代の社会保障制度による支援では十分に支えにくくなっている面が現代日本には巣くっており、いま求められているのは支援される側の人格的な部分の支え、奥田の言葉でいえば「自分の物語」を支える相手（誰か）の必要性ではないか。もちろん、現物給付であれ現金給付であれ問題解決のための支援も不可欠である。しかしそれと同時に支援される側の人格としての承認や支え、いいかえ

れば存在の承認がなければ、先の元路上生活者のように「自立が孤立に」なってしまいかねない。前者が社会的機能面の支援であるのに対して、後者は人格的側面の支援といってよいだろう。

　後者の人格的側面の支援が本当に可能になるためには、「関係性」の次元が見定められなければならないであろう。「関係性」の次元の包摂があってはじめて機能面での包摂も実効的なものになることを、奥田の実践は体現していると考えられる。

　「関係性」の次元の包摂は、ホームレスの人にとってのみ必要なことではない。例えば、通常のコミュニケーションの水準では、重度の認知症高齢者や重症心身障害者とのコミュニケーションは困難であるが、そうだからといって認知症高齢者や重症心身障害者とはコミュニケーションができないとする社会福祉の専門職者は（おそらく）いない。専門職者による声かけや働きかけに対する、認知症高齢者や重症心身障害者のわずかなしぐさや身体の挙動が、なんらかの意思を表わす「伝達行動」であると解釈する最高度の関心を寄せることが、「関係性」の次元における包摂の要諦である（第4章参照）。「関係性」の次元における包摂は、コミュニケーションが困難であっても、認知症高齢者や重症心身障害者の振る舞いをなんらかの意思の表明として最大限に配慮しよう、いいかえれば相手の人との関係を生きる可能性もしくはコミュニケーションの可能性を無条件に承認しようということを出発点とする。こうした「関係性」の次元での包摂を現代社会福祉は求めていると考えられる。

## ○「包摂システム」へ

　ルーマンの包摂／排除−図式の射程を、重度の認知症高齢者や重度の精神障害者の「関係性」の次元での包摂にまで拡張しようとするフックス（2011）の試みが注目される（第4章参照）。というのも、重度の精神障害者や重度の認知症高齢者は、コミュニケーションをとおして配慮されることがしばしばままならず、せいぜ

い「対象」としてみなされがちであるが、どんな人にとっても、他者とのコミュニケーションは不可欠であり、可能であることからフックスは出発しているからである。フックスは、通常のコミュニケーションができない（と思われがちな）人びととのコミュニケーション可能性の問題を取り上げて、そうしたコミュニケーションを可能にする「包摂システム (Inklusionssystem)」という考え方を提起している。このフックスの「包摂システム」の問題提起については第4章で取り上げることにしたい。

　以上示したとおり、「関係性」の次元の包摂、そしてフックスの「包摂システム」は、これまでの社会福祉学と無関係なものではなく、じつは「糸賀一雄らが提起した「横（ヨコへ）の発達」に通じるものと考える。詳しくは第4章第4節で取り上げるが、これまでの社会福祉学の延長線上に、本書が提案する「関係性」の次元の包摂は十分に位置づけられると思われる。第2章では、現代社会を機能分化社会と捉えたルーマン[27]の包摂／排除の視点がドイツの社会福祉 (Soziale Arbeit) 研究に与えた影響を確認したい。

---

[27] 小山は、ルーマンが「近代社会は機能分化社会である」という命題を必然と想定しなかった (2015: 224) ことを明らかにしている。ルーマンの機能分化の概念は、19世紀ヨーロッパの法治国家の社会構造を国家と社会の区別によって捉えようとしたカール・シュミット (Carl Schmitt) への対抗のなかで、「国家と社会の区別の再解釈のために構想されたもの」である (小山 2015: 154、162)。「政治システムが他の公的な諸領域と直結する事象を [機能] 分化の解消による自由の危機」(小山 2015: 103) と捉え、そうした ＜全体主義＞ (小山 2015: 2)、いいかえれば社会の「全面的な政治化」(小山 2015: 164) をいかに防ぐかという、ルーマンの機能分化社会の理論の生成途上の「格闘」プロセスを小山は描き出している。シュミットへの対抗として想定された「ルーマンにおける機能分化社会の原像は、個々の人間が各々に人格を持った一個人として、経済的、宗教的、あるいは文化的な活動を、政治に直接的に左右されることなく、自由に展開することができる社会構造を有する社会なのである」(小山 2015: 165)。

# 第2章

## Soziale Arbeit研究から包摂／排除―図式が注目されるのはなぜか

本章では、1990年代からドイツのSoziale Arbeit研究においてルーマン理論、とくに包摂／排除－図式が積極的に取り上げられた経緯を追うことによって、現代社会の排除問題へのアプローチを模索する社会福祉研究にとっての包摂／排除－図式の意義を明らかにしたい。

## 第1節　現代ドイツのSoziale Arbeit研究とルーマン理論

### ○Soziale Arbeit研究者からの注目

　現代ドイツでは、ソーシャルワーク (Sozialarbeit) や社会教育 (Sozialpädagogik) と密接するSoziale Arbeitという実践・学問領域が存在するが、このSoziale Arbeit研究者たちの一部が1990年代から自らの理論的根拠を求めてルーマンに代表される社会学的システム理論に熱い視線を送っている。とりわけ包摂／排除－図式、およびその「土台」たる機能分化社会論に依拠して、現代社会の社会福祉問題を捉えようとするSoziale Arbeit研究者が現れている (小松 2013)。その理由は、端的にいえばSoziale Arbeitの研究者たちがSoziale Arbeitを教導する理論的枠組みを求めているからであるといってよい。

　ともあれ、援助実践やその概念化に取り組む者たちが、ルーマン理論を手がかりとして、現代社会におけるSoziale Arbeitのあり方についての徹底考察を求めており、対人援助職者としての自らが当面する課題に少しでも応えようとする姿勢がありありとみてとれるといってよい。とりわけルーマン理論といえば過度に抽象的な理論で、一般には援助実践に役立つ理論とはとうてい考えられないと思われがちな状況においては、こうしたドイツにおけるSoziale Arbeit研究者たちによるルーマン理論の一種の受容は了解されがたく、きわめて奇異な現象に映るかもしれない。ところが、ドイツのSoziale Arbeit研究の一部においては、そうした印象を修正せざるをえないほど、ルーマン理論を援用してSoziale Arbeit研究を進めようと

する数多くの研究が現れつづけている。

　繰り返しになるが、Soziale Arbeitの実践につながる理論的資源を探求している研究者たちが、ほかならぬルーマン理論に依拠しようとしている事実がみられる。しかも、この傾向は1990年代を境にしてにわかに強まっている。1980年代まではユルゲン・ハーバマス（Jürgen Habermas）の理論などに理論的根拠を求めようとしていた少なからぬSoziale Arbeit研究者が、ドイツ統一後の1990年代に入ってルーマン理論をふまえたSoziale Arbeit研究を始めている。そうしたルーマン理論を援用する主なSoziale Arbeit研究者としては、テオドール・M・バルドマン（Theodor M. Bardmann）、ローラント・メルテン（Roland Merten）、ミハエル・ボメス（Michael Bommes）、アルバート・シェル（Albert Scherr）、レート・オイグスター（Reto Eugster）等が挙げられるだろう。そうした状況でハイコ・クレーヴェ（Heiko Kleve）という若くして注目された研究者は、21世紀のSoziale Arbeitのあり方を探求するにあたって早くからルーマン理論に取り組んでいる。とくにクレーヴェの『ポストモダンのSoziale Arbeit』（1999）という著作が注目されるのだが、クレーヴェの次の考え方は、Soziale Arbeitをめぐる論議のなかでなぜルーマン理論が注目されているのかを端的に示している。その本の献辞のなかでクレーヴェは、21世紀におけるSoziale Arbeitのあり方を探求するためにルーマン理論に注目したのは、結局のところ、これまでのSoziale Arbeit研究において現代社会のあり方についての考察があまりおこなわれてこなかったからだと述べており（Kleve 1999: 9）、クレーヴェには、現代社会とSoziale Arbeitの関係をしっかりと捉える理論的空白を埋める現代社会の理論としてルーマン理論を援用しようとする態度を、明確にみてとることができる（例えばKleve 1999: 184）。現代社会のありようを考察するルーマンの理論がこれからの21世紀のSoziale Arbeitのあり方を示す道標となりうるとする期待を、クレーヴェはここで表明しているとみられる。

このことから窺われるとおり、現代社会についてのルーマンの論述がSoziale Arbeitの実践家や研究者によっておおいに注目されている。とりわけ、ルーマン理論における包摂／排除についての考え方が、Soziale Arbeitの研究者から注目されている。ルーマンの包摂／排除の捉え方によって、現代社会において社会構造の帰結として排除された人びとが、いかにして包摂されるにいたるのかについての理論的な道標が明示されるという期待が集まっている。

　こうしたSoziale Arbeit研究者たちに呼応するかたちで、ルーマン理論を自らの理論的基礎として研究を進める錚々たる面々が、包摂／排除－図式を基軸としてSoziale Arbeitや排除問題に対する研究を怒濤のように進めだした。例えば、ベッカー、フックスの他に、ルドルフ・シュティッヒヴェー（Rudolf Stichweh）、アルミン・ナセヒ（Armin Nassehi）である。この4人は、社会的援助、介入、排除、社会的不平等（soziale Ungleichheit）などの問題群にアプローチしているが、そのさいいずれも主軸においているのがルーマンの包摂／排除－図式なのである。

　包摂／排除－図式をとおしてこうした研究者は、排除問題が生じているといういわばアラームを鳴らし、排除（に脅か）されている人びとの存在にアンダーラインを引いている。そうしたSoziale Arbeit研究に触発されて、ルーマン理論の研究者たちが包摂／排除－図式のさらなる展開を進めることによって、改めてSoziale Arbeit研究者たちに新たな視点を補強している。現状は、Soziale Arbeit研究の一部とルーマン理論研究がいわば相互浸透しているといってよい。

　こうした相互関係をもっともよく例証しているものとして、2000年に公刊された『Soziale Arbeitのシステム理論（Systemtheorie Sozialer Arbeit）』（ローラント・メルテン編（Roland Merten (Hrsg.)））という著作が挙げられるだろう。この著作には、Soziale Arbeitについての専門研究者として先にも名を挙げたバルドマン、メルテン、ボメス、シェル、クレーヴェ等が含まれている。そのほかにルーマン理論研究者、すなわちベッカー、フックス、シュティッヒヴェーが寄稿している。

## ○ルーマン「援助」論文への注目

　ここまで述べてきたように、Soziale Arbeitの実践家や研究者がルーマン理論に注目したのは、1990年代中葉以降であった。ところがルーマン自身はすでに1975年に「社会的諸条件の移り変わりと援助の諸形式」（以下、「援助」論文と略記。詳しくは第3章参照）という社会的援助をテーマとする論文を書いている。この「援助」論文は、1976年にSoziale Arbeitの専門領域において広範な影響力をもっていた『Soziale Arbeit年報』で言及されてはいたが、長いあいだ注目されてはいなかった。90年代まではSoziale Arbeitの研究領域においてこの「援助」論文に遡って言及しようとする者はほとんどいなかった（Scherr 2000: 444）。複数の理由が考えられるが、まずはルーマンがまだ包摂／排除─図式を提示していなかったことが挙げられよう。ハーバマスとの論争的批判においてルーマンの名前は注目されていたものの、70年代にはルーマン理論はまだ熟成しているとはいえず、ドイツのSoziale Arbeit研究に影響を与えることはなかったとみられる。80年まではマルクス主義的な発想が、80年代にはハーバマス的な発想が注目されていたようである。しかしながら、そうした趨勢が変化し、Soziale Arbeit研究においてこの「援助」論文ならびにルーマン理論が注目されるきっかけになったのは、後述するようにルーマン理論を機軸としたベッカーの1994年の論文がルーマンの「援助」論文に言及したからであった。

　第3章で詳しく確認するが、ルーマンの「援助」論文においては、現代社会における社会的援助に関する根本的な考察が繰り広げられている。ルーマンの理論は、一種の社会進化論ともなっており、社会進化についての独特の発想を有している。古代の環節型社会から近代以前の階層化された社会を通して機能分化社会へと転換したとみるのが、ルーマンの社会進化論の根幹である。社会進化のどの段階にも共通してみられる援助の基本的な問題を、社会の複数の人びとのあいだの「諸欲求と充足能力との時間的な調整」（Luhmann 1975: 135）と捉えるルーマンは、75年

の「援助」論文で社会分化の変化の仕方につれて、そうした援助のあり方がどのように変わってきたのかを考察している。要約的にいえば、近代ないし現代社会における援助の形式は、環節的な社会における援助の相互性に対する交互的義務とも違い、また次の階層化された社会における宗教的に一般化された慈善行為への義務とも違って、組織（Organisation）という形式をもつものとして特徴づけられている（Luhmann 1975: 141）。この「援助」論文において、Soziale Arbeitは組織という形式を有する近代的な援助の形式のひとつとして取り上げられている。

## ○包摂／排除─図式への注目

　ところで、70年代のSoziale Arbeit研究においては、階級対立のリスク処理や逸脱行動の社会的なコントロールとして、Soziale Arbeitがもっぱら特徴づけられていたために、社会的援助についてのルーマンの論考は残念ながら注目をあびることはなかった。「したがって、70年代初頭におけるルーマンの受容にとって、総体としてみればどちらかといえば不利な条件があった。というのも、ルーマン理論の理解は、明らかにネオマルクス主義的な社会批判の前提と一致していないからである」（Scherr 2000: 447）。70年代にはマルクス理論が、80年代にはハーバマスのコミュニケーション的行為の理論や生活世界の植民地化テーゼがもてはやされていたこともあり、システム論的な社会的援助の考察が注目をあびることはなかった。

　しかしながら、90年代中葉になって、ルーマンの理論がSoziale Arbeit研究において盛んに取り上げられるようになってきた。とりわけ、包摂／排除という問題性が新たに提示され、この包摂／排除の問題を機軸にして、社会的不平等または社会的マージナル化の問題などにも理論的な射程が広げられることになった点が大きな要因と考えられる。Soziale Arbeit専門研究者たちからルーマン理論が注目をあびるようになったことに対応して、ルーマン研究者たちがルーマンの議論をいっそう精緻化したうえで、1975年当時のルーマンの「援助」論文における援助の

捉え方と、1990年代の包摂／排除の考え方の綜合を企てたといえる。この決定的な弾みとなったのは、先に第1章第3節でも述べたように、ルーマンの直系の弟子にあたるベッカーが公刊した「社会の機能システムとしての社会的援助」（[1994] 2007）論文であった。このベッカーの論文がSoziale Arbeitがいかなる社会的機能を有しているかについての議論を沸騰させるとともに、ルーマン理論が有しているSoziale Arbeit研究にとっての理論的な有効性に多くのSoziale Arbeit研究者を止目させた。Soziale Arbeitの実践者や研究者にとってのベッカーの論文の最大の魅力は、排除された人びとに対して包摂チャンスの可能性を拡大するものとして、Soziale Arbeitないし社会的援助の社会的機能を明確に位置づけるための理論的な筋道を切り開いた点にあるだろう（Scherr 2000: 462）。

　ベッカーは、Soziale Arbeitないし社会的援助を、援助／非援助（Helfen/Nichthelfen）の差異を軸にして包摂への援助を担う機能システムとして位置づける画期的な提案をおこなった（Baecker 2007: 210）。援助／非援助というコードを駆使する利点は、あらゆるコミュニケーションを援助か非援助かという独自の区別によって捉える点にある。つまり、「援助（Helfen）は、つねにさらなる援助への接続可能性を指し示すポジティヴな価値といえる。非援助（Nichthelfen）は、……援助のための手がかりをめざしてそれ以外のあらゆる形式のコミュニケーションを探すことを可能ならしめているリフレクション価値である」（Baecker 2007: 218）。つまり、ルーマンの包摂と排除の議論ならびにベッカー論文を受けて、機能分化社会という現代社会像をもとにして、Soziale Arbeitは自らの取り組む問題を排除問題として理解すると同時に、その問題の解決の方向性を包摂チャンスの拡大として視野に収めることができるようになったといってよい。

## ○包摂／排除──図式が数多くの研究を鼓舞

　こうしたベッカーの問題提起が起爆剤となって、社会的援助は、機能分化社会の

構造的帰結である排除問題を包摂へ転換しようと企てる社会的機能を有している
とする説が始まった。ただし、ベッカーが提起した社会的援助が、現代社会の機能
システムとして成立しているかどうかについては、まだ決着がついたとはいえない。
ベッカーの問題提起以後、さまざまなSoziale Arbeitの専門研究者とルーマン理
論の研究者たちがこの議論を展開させている。そうした研究者として、ベッカー、フ
ランク・ヒレブラント（Frank Hillebrandt）、フックス、クレーヴェ、ボメス／シェ
ル、そしてマース等がいる。ベッカー、ヒレブラントはSoziale Arbeitが機能システ
ムとして成立しており、しかも第一次的な機能システムであるとする立場を取ってい
るのに対して、フックス、オイグスター、クレーヴェは、機能システムとして成立して
いることには同意しつつも、Soziale Arbeitないし社会的援助が「二次的な」機能
システムであるとする立場を取っている。そのなかでマースは、一次か二次かといっ
た議論にかかわらないスタンスを示し（Maaß 2009: 71）、それよりも機能システ
ムとしての基準やしくみをクリアしているかどうかの検討を優先している。現在で
は、機能システムだとする見方が支配的となっている（Lambers 2014: 212）が、
その一方でSoziale Arbeitは機能システムではなく、（まだ）相互作用や組織の塊
であるとするボメス／シェルといった立場もある。しかしながら、「Soziale Arbeit
が社会の機能システムなのかどうかという問題に対する回答いかんにかかわらず、
ほとんどあらゆる著者たちはSoziale Arbeitが社会のなかで果たしている、正確
にいえば社会に対して果たしている機能をとりあげている。この点で、考えてみる
と、Soziale Arbeitの機能に関するさまざまな規定はなんらかの仕方で包摂と排
除の問題とかかわっている」（Klassen 2004: 167）と述べられていることからも
わかるとおり、現代ドイツのSoziale Arbeit研究（の理論的・省察的研究）はルー
マンの包摂／排除の問題性を機軸として進められる現状にある。

　こうした研究の気運は2000年以降も停滞することなく、むしろますます高まり、
ルーマン理論をベースとした社会福祉研究はおびただしいほどに現れつづけた。

現代社会における社会福祉の一般的位置づけをめぐって議論が重ねられていた感の強い1990年代と比べると、2000年以降はより具体的なテーマに取り組む若手の研究者たちが陸続と現れた。とりわけ予防理論に取り組むマルティン・ハーフェン（Martin Hafen 2005、2005a、2007、2007a）、障害者支援および組織研究に取り組むラルフ・ヴェッツェル（Ralf Wetzel 2005）、重度重複障害者の研究に取り組むカリン・テルフロート(Karin Terfloth)、また（とくに宗教システムの）包摂を取り上げるマレン・レーマン（Maren Lehmann 1996、2002）等が挙げられるし、その他にもルーマン理論とピエール・ブルデューの理論を土台に医療組織の研究に取り組むヴェルナー・フォークト(Werner Vogd)、医療や死の問題に取り組むイルムヒルト・ザーケ(Irmhird Saake)などが挙げられる。

　さらには、1990年代から盛んに論じられている現代社会と社会福祉の根本的な関係を、ドイツのSoziale Arbeitの歴史研究を踏まえていっそう展開しているマース（2009）が注目されるべき存在である。また歴史という点ではヘルムート・ランベルス（Helmut Lambers 2018）、そしてルーマンの政治理論にもとづいて福祉国家論を論じているノルウェーのクラウス・ハダメク（Claus Hadamek 2008）も見逃すことはできない。さらにルーマンの包摂／排除−図式の変遷を綿密に辿るジナ・ファルツィン（Sina Farzin 2006）の「援護射撃」的な研究もあいまって、ますますルーマンの包摂／排除−図式がスポットライトを浴びている。

　これらの研究者たちの分野やテーマの多様性にもかかわらず、包摂／排除−図式が共通土台のテーマとなっている。予防（ハーフェン）も障害者福祉（ヴェッツェル、テルフロート）も医療（フォークト、ザーケ）も福祉国家論（ハダメク）もルーマンが最晩年に提示した包摂／排除−図式を土台に据えた研究枠組みをしつらえている点は目を見張るべき事実である。こうした多様な研究が進められているなかで、ルーマン亡き後、ルーマンが開示した視点、もしくはルーマン自身が十分に展開しつくせなかった包摂／排除−図式の可能性を汲み尽くすべく、とりわけフックス

やベッカーやナセヒによってルーマン理論そのものの展開もまた進められている。こうしたルーマン理論それ自体の発展的研究が、Soziale Arbeitや医療への応用研究に対して理論的養分を供給し、多様な分野での研究が花を咲かせるに至っている[1]。

　ルーマンが現在注目されているようなかたちで包摂と排除を明確な概念ペアとして、つまり包摂／排除−図式として彫琢し始めた時期は、1980年代の半ば以降であり（Farzin 2006: 13）[2]、自らの理論の中心テーマに包摂／排除−図式を位置づけたのは生前のわずか数年にすぎなかったといってよい。とはいえ、それ以前にルーマンが社会的不平等の問題に対して基本的に無知であったという批判は的はずれであろう（Merten/Scherr 2004: 8）。なぜなら、1985年の論文においてすでに階級理論ならびに階層社会学の問題を取り上げていたからである。「ルーマンの研究においては、包摂／排除の問題は後期の著作において中心的な位置を占めている。／ブラジルの貧民街（ファーヴェラ）に入ってみたことを背景として、ルーマンは自身の人生において特別の、言葉ではいい尽くせないショックを受け、それをなんとか理論に活かそうとした」（Farzin 2006: 8）。「ルーマンは、近代社会における大量の悲惨な状態という現象を知ってはじめて、彼の後期の著作において、包摂の対立概念としての排除の考察を始めている」（Farzin 2006: 11）。このようにルーマンは最晩年に包摂／排除、とりわけ排除の考察に取り組んだのである。

　もちろん、そうはいっても、ルーマン自身が包摂／排除−図式の可能性をまだ十分に表明しきれないままに亡くなってしまったという見方もできるのかもしれない。しかしながら、ルーマンの包摂／排除−図式は歴史のゴミ箱に捨てられることなく、むしろ多くの研究者に受け継がれており、多様な研究の展開を鼓舞しつづけている。たしかに、包摂／排除−図式の重点が研究者ごとにさまざまに拡散している

---

[1] 日本においてもルーマンの包摂／排除を参考にした（濃淡あるが）障害および教育分野での研究も増加している。管見の限りだが、障害学分野では、榊原賢二郎（2016）『社会的包摂と身体　障害者差別禁止法施行後の障害定義と異別処遇を巡って』生活書院。教育学分野では、例えば倉石一郎（2021）『教育福祉の社会学　「包摂と排除」を超えるメタ理論』明石書店、同（2018）『包摂と排除の教育学　増補新版』生活書院。
[2] Farzinは、明確に概念ペアとして「包摂／排除」が考えられた論文として、1989（訳2013）年の「個人、個性、個人主義」論文を挙げている。

面がみられるし、また社会的不平等の問題に目を向けることができていないという批判的言明（Nassehi 2004）も現れているものの、こうしたルーマンの包摂／排除－図式を受容するにせよ批判するにせよ、多くの研究者が刺激されつづけていることは疑いえない。

## 第2節　包摂概念の展開

### ○1980年代までの包摂概念

　前節でみたように、1990年代から数多くの多様な研究を刺激しつづけているルーマンの包摂／排除－図式は、しかしはじめから精緻なものであったとはいえず、ルーマン理論それ自体の展開とともにその意味合いがいくらか異なる様相をみせている。少なくとも、包摂に即していえば、80年代前半までの第1期（機能システムへの接近・関与としての包摂）、ついで80年代末の第2期（社会化との対比で捉えられた包摂）、そして90年代以降の第3期（包摂／排除－図式としての包摂）に分けられるだろう。本節では、主に第1期と第2期の包摂概念の変化を明らかにしたい。

　1990年代に排除の問題を自らの中心的なテーマとする以前には、ルーマンにとってまず問題であったのは包摂であった。ルーマンは、その他多くの概念と同様に、包摂概念をパーソンズから受け継いでいる[3]（Farzin 2006: 12）。注意しなければならないのは、この包摂概念を取り上げ始めた当初はまだ、排除概念との差異を考えることなしに用いられていたという点である。

　ルーマンは「進化と歴史」（1975）論文においてはじめてパーソンズの包摂概念を取り上げた（Farzin 2006: 40）。当時、ルーマンがパーソンズから受け継いだ包摂概念は、社会進化に応じて人びとの相互作用が生じる可能性の拡大の過程を

---

[3] ルーマンは、ダブル・コンティンジェンシー、相互浸透、コミュニケーション・メディアなどその主要な概念をパーソンズから受け継いでいる。ルーマンはパーソンズに対して徹底的に厳しい批判を浴びせていることで知られるが、そうした批判の鋭さはむしろルーマンがパーソンズに近いからこそであろう。ルーマンの理論が「独創的な視点」を有しているようにみえても、そうした一面を強調することはむしろ学問的不毛であるといってよい。ルーマンの理論は「離れ小島」にいるわけではけっしてない。むしろルーマンは、諸学問の一分野に位置する社会学がもっとその他の哲学、社会科学、自然科学などの多様な分野の研究成果を積極的に学びとる必要があり、その成果をもって他の学問分野に対して社会学がもっと貢献しなければならないという姿勢を堅持していたのである（詳しくは、佐藤勉 1997）。

意味し、パーソンズは市民権の拡大と包摂概念を結びつけていた。「つまりパーソンズの考える包摂概念は、社会の諸部分システムの機能的分化が進展する状況で、社会の成員の統一的な規範的枠組みへの包含が進展することを記述している」（Farzin 2006：42）。このパーソンズの視点は、法的、政治的、社会的な側面が組み合わされた多次元的な市民権（T. H. マーシャル）にもとづく。ルーマンも機能分化への進展がすべての社会成員に対して多数の機能システムへの接近を解放することとして捉えている点で、パーソンズと同じ道を辿っているが、包摂が（いわば進化にまかせて）多次元的に進むとは捉えず、機能システムごとに包摂がおこなわれると捉え、その点でルーマンはパーソンズと袂を分かつ（Farzin 2006：42）。この点は、ルーマンが晩年に、包摂を統合と峻別する点に通じているといえよう。パーソンズは、機能分化へ至る社会進化の過程において、包摂の拡大と社会の統合を同一視した。それに対してルーマンによると、機能分化のもとではむしろ社会は多様な機能システムがそれぞれ自律的であるゆえ不統合であるとみており、個人がある機能システムに包摂されたからといって、他の機能システムにも同様に包摂される保証はない。

　福祉国家といえども多次元的な包摂を実現できない。政治システムに関するルーマンの考察の集大成は『社会の政治』（2000＝2013）であるが、包摂に着目して福祉国家を正面から論じたのがこの『福祉国家における政治理論』（1981＝2007）であった。政治は社会全体の舵取り役であり、その結果に対する責任を積極的に取るべきであると政治をみなす従来の「時代遅れの政治理論」とは、ルーマンは一線を画している（Luhmann 1981: 19-24＝2007: 15-20）。ルーマンからみれば、機能分化社会においてはもはや社会の中心的な審級たりうる機能システムなど存在しない。機能分化社会という社会の理論の視点から従来の政治理論を批判しているルーマンの視点が、ここでも確認される。また多くの福祉国家論においては、「福祉国家はたいてい、国民の特定の諸階層に大規模に社会給付を

提供し、そのために急速に増大する費用を調達しなければならない」（Luhmann 1981: 25＝2007: 23）国家として財政面（のみ）に焦点が当てられ、結果的に「福祉国家の危機」に対して緊縮財政という処方箋が描かれる。それに対して、ルーマンはなによりも「福祉国家の危機」というのは、福祉国家が補償すべき課題（国民からの「要求」）を福祉国家が新たにどんどんみつけ自らが担うべき担当領域を拡張していく（これをポジティヴ・フィードバックという）にもかかわらず、それらの課題のすべてに計画的に対処することはできなくなっている問題なのだとみている。福祉国家が抱える「ジレンマは、政治が非政治的な諸問題（エコロジー問題、経済問題、または宗教問題）を取り上げて、そうした非政治的課題を政治的に、つまり集合的に拘束的な決定によって解決しなければならないということである」（Hadamek 2007: 196）。そうしてみると、「福祉国家の危機」は、福祉国家が福祉国家それ自体をステアリング（Stuerung）できない問題なのである（Hadamek 2007: 197）。

こうした包摂に着目していたルーマンは、機能分化の進展にともなって、多様な機能システムにあらゆる人びとが包摂されることが現代社会にとっての要請となっていることを見抜いている。いいかえれば、全包摂の実現が現代社会の「あるべき姿」として要請されているにもかかわらず、実際にはあらゆる人びとが機能システムに包摂されるわけではない現実が見出される。「この包摂要請を背景とすると、現実のチャンスの不平等は問題となる」（Luhmann 1981: 27＝2007: 24。傍点は原著者）。そうしてみると、「例えば選挙権をもつ者の拡大、義務教育の導入といった近代社会にみられる数多くの社会運動は、実際、包摂運動（Inklusionsbewegungen）であると解されよう。この包摂運動は、社会の自己記述と社会の変動のこの対立を孕んだ緊張関係に起因している」（Farzin 2006: 48）。この1970年代から1980年代半ばにかけてのルーマンは、まだ包摂の対概念となる排除概念を考えていなかったものの、全包摂が社会の要請として現にあるに

もかかわらず現実には達成されていないことの矛盾という問題に手を掛けていたのである。この点は、90年代の晩年になって包摂／排除－図式が確立された後には、包摂要請と排除の現実との矛盾として現代社会が特徴づけられることにつながる。

## ○1980年代末の包摂概念

　90年代の包摂／排除－図式の議論に移る前に、80年代末には包摂がどのようなものとして位置づけられていたかを確認しよう。この時期に包摂が明確に取り上げられたのは、「個人・個性・個人主義」という論文（1989＝2013）であった。この論文で展開されているのは、社会学がその成立段階から社会学独自の視点を明示するために焦点を当ててきた社会と個人の相互強化関係の捉え方を、ルーマンなりに修正しようとする試みである。とくに社会の分化および個人の個人性の2点について、より複合的な把握がめざされる。そのさい、機能分化社会としての現代社会と人間の関係の特徴を明確に把握するために、社会の歴史的な変遷のなかで現代社会がどのような特徴を有しているのかということの把握がめざされている。「古典的社会学者の社会学は、二つの点であまりに大雑把につくられていた。ひとつは（進行する）分化という概念についてであり、もうひとつは（強化可能な）個人の個性という概念についてである」（Luhmann 1989: 153＝2013: 127）。そして後者の個々人の個人性という点に、包摂がかかわってくることになる。

　社会学はデュルケムやジンメルやウェーバーといった古典的な社会学理論家以来、個人主義的な捉え方にも集団主義的な捉え方にも与さず、社会と個人の相互強化関係に関心を寄せてきた。ルーマンは、この相互強化関係を、独自のシステム理論のもとで、心理システム（人間）とコミュニケーション・システム（社会）の相互浸透として改めて解釈し、現代社会と現代的人間の現代的関係のありようについてより豊かな知見をくみ出そうとしている。相互浸透は、一方のシステムが他方のシステムの複合性（Komplexität）[4]を利用して自らの力能を高めることが、双方の

システムにとって生じている事態をいい表す概念であった（第1章を参照）。

　ただし、相互浸透を単純に2つの異なるシステムのあいだでの双方向的なかかわりと捉えることは誤りである。つまり、心理システムからコミュニケーション・システムへモノのように複合性が「移送」されるわけではないし、反対も同様である。すなわち、心理システムもコミュニケーション・システムも外部から直接影響を与えられないシステムであるからには、モノ・メタファーは成り立たない。ましてや、一方のシステムが他方のシステムの部分に丸ごと取り込まれるような全体／部分－図式も成り立たない。心理システムは、その環境に位置するコミュニケーション・システムからの刺激のうち、なんでもかんでも参考にしたり取り入れることができるわけではなく、自らにとって情報（Information）になりうるもの、あるいは自らが情報化できるものしか取り入れることができない。またコミュニケーション・システムも、関与する人間（心理システム）の行動や考えのすべてを当のコミュニケーション・システムに取り入れて、他の人びととのコミュニケーションの可能性の増大に役立せることができるわけではない。したがって、相互浸透は、心理システムとコミュニケーション・システムの双方がかかわるさいに両者の「あいだで」なにか自動的に達成されることがらではない。そうではなく、双方がかかわる過程で、それぞれのシステムが相手からなんらかの「気づき」を得て、その「気づき」を自らの内部で、自らでは作ることができなかった新しい要素として形成・獲得することによって、自らの能力ないし可能性を増大させる（自らで自らのありようを変化させる）場合にはじめて相互浸透が成り立つのである。

　こうした心理システムとコミュニケーション・システムの相互浸透において、それぞれのシステムにとって生じている事態をそれぞれ正反対の視点から個別にいい表すために、ルーマンは包摂および社会化（Sozialisation）の概念を提案している。

④ 複合性は当該システムにおける諸要素間の結びつきである諸関係の総体といえるだろう（例えばLuhmann 1984: 47=1993: 38=2020（上）: 44）。したがって本書では「力能」と捉えたい。諸要素間の結びつきが生じるのは、システムが自らを構成し維持するために、選択の強制にさらされるからである。複合性の例として社会的システムとは異なるが、「日本語の漢字」をひとつのシステムの例にとると、このシステムは、約2000の常用漢字（文化庁）である「要素」と、それらの結びつきである「熟語」（関係）から成る。漢字と熟語からつくられうる言葉の総体がこのシステムの複合性だといえる。この可能性の豊かさをもって、本書ではそのシステムの「力能」と捉えたい。ちなみに、「要素」の特質は一定不変ではなく、結びつく他の要素、つまり関係が変わるとともに変わる。例えば、「馬」や「鹿」という漢字（要素）は「動物園」という言葉と結びつくとある動物を指すだけだが、両者が結びつき「馬鹿」という熟語（関係）をつくると、もはや動物そのものを指さず、人に対する評価の意味をもつ。

包摂は、コミュニケーション・システムが心理システムの複合性を取り入れることによって、コミュニケーション・システムの複合性が増大することを意味している。いわば社会が人間のちから（複合性）を利用して社会の能力ないし可能性が増大することが、包摂である。「……心理システムが、自己の固有の複合性を、社会的システムの構築に提供している場合には、常に包摂が生じている」（Luhmann 1989: 162＝2013: 135）。例えば、ある企業が新入社員を採用してその社員のちからがその企業の経済活動を活発にさせる場合、その企業（にとって）の包摂が生じているといってよい。

　それに対して、社会化は、心理システムがコミュニケーション・システムの複合性を取り入れることによって、心理システムの複合性が増大することを意味している。いわば人間が社会のちからを利用してその人間の能力や可能性が増大することを意味している。「社会化は逆のケースである。社会化は……社会という社会的システムが、自己の固有の複合性を心理システムの構築に提供することによって成り立つ」（Luhmann 1989: 162＝2013: 136）。例えば、ある企業に入社した社員が会社の仕事をとおしてさまざまなスキルを身につけたり、人脈を広げる場合、その人間（にとって）の社会化が成立しているといってよい。また、ルーマン自身が社会化の例として真っ先に挙げているように（Luhmann 1989: 162＝2013: 136）、言語を獲得することが社会化の最たる例であろう。いかなる言語も個人の発明ではなく、言語はなによりも社会のなかで育まれてきた社会のちからの結晶ともいうべきものである。なぜなら、子どもは、多くの場合には家庭で親から自分へ向けられた言葉または両親同士が交わしている言葉を次第に（自らの内部で）獲得していくことによって、自らの人間的可能性をいっそう伸ばしていくからである。

　このような包摂と社会化のありようが社会分化の変遷に応じて変化する点にルーマンは着目している。「近代への決定的な歩みを単に分化の進行にみるのではなく、社会分化の主要な形態の変動、すなわち階層分化から機能分化への移行の

点にみる」(Luhmann 1989: 155=2013: 129)。機能分化への移行によって、包摂と社会化のありようがどのように変化したのか、それとともに個々人の個人性ないし個性 (Individualität) がどのように変化しているのかを、ルーマンはこの「個人・個性・個人主義」論文のテーマとしている。

## ○「包摂個人性」から「排除個人性」への転換

　ルーマンは、個人性というものが包摂をとおして社会の他のメンバーとのあいだで相互的な期待が形成されることで可能になるとみている。いいかえれば、周囲の人びとがその人に対してどのように振る舞うことができるかという期待を形成するのと同時構成的に個人性が形成される。反対にいえば、周囲の人間がどのように振る舞えばいいかわからない「よそ者」がいる (その人に対する期待が形成されない) 場合には、よそ者には個人性が (与えられ) ない。「よそ者は個人性をもたない。なぜなら、その人に対して好きなように振る舞うことができるからである」(Luhmann 1989: 156=2013: 130)。

　前近代社会においては、個々人の個人性は、包摂によって与えられていた。環節分化社会 (segmentär differenzierte Gesellschaft) では、その人が属する環節がどの環節であるかを知ることが、周囲の人びとがその人が何者であるかを了解することであった。階層分化社会 (stratifikatorisch differenzierte Gesellschaft) でも、その人が属する階層を知ることが、その人を了解することであった。「……ある人物がどの社会階層、カースト、あるいは身分に属すかに基づいて、その人物をどのように扱うべきかを知りうるようになるからである」(Luhmann 1989: 156=2013: 130)。ルーマンは、前近代社会において個人の個人性が包摂 (どの環節、どの階層に属しているか) をとおして与えられることを「包摂個人性 (Inklusionsindividualität)」と呼び、これが前近代社会における個人性の特徴と捉えた。こうした包摂個人性というありようが、機能分化社会へ

の移行によって大転換している。機能分化社会では「個々の人物が、社会の部分システムのうちのひとつだけに属することはもはやありえない」（Luhmann 1989: 157＝2013: 131）。

　機能分化は、社会の部分システムがさまざまな機能ごとに並存していることを意味している。経済システム、政治システム、法システム、科学システム、教育システムなどが並存している。こうした社会においては、「各人は、機能システムのうちのひとつだけに属しては生きられない」（Luhmann 1989: 158＝2013: 132）ように、変わったのである。前近代社会においては、包摂は、たったひとつの部分システム（環節あるいは成層）においてのみ可能であった。しかしながら、機能分化社会では、たったひとつの部分システムではなく、さまざまな部分システム（機能システム）にそのつどかかわらなければならない。反対にいえば、機能分化社会においては、包摂ではなく、排除がノーマルな事態となっているのである。この意味で、ルーマンに代表される社会学的システム理論における排除は、（ただちに）否定的な、反道徳的な、非人間的なことがらではない。

　機能分化社会における「個人はもはや包摂によっては定義されず、排除によってのみ定義される」（Luhmann 1989: 158＝2013: 132）。社会がこのような編成——個人はもはやたったひとつの部分システムに属することはできない社会——に変わったことが、個人の個性にとっても大きな転換をもたらしている。「個性はもはや社会による包摂ではなく社会による排除によって形成されるようになる、というのがシステム論的命題である」（Luhmann 1989: 159＝2013: 133）。

　このように機能分化社会においては排除がノーマルな事態となっている。先にも述べたとおり、注意しなければならないのは、機能分化社会における排除がけっして否定的な意味でのみ捉えられてはならないという点である。なぜなら、機能分化社会における排除は、近代社会における個人の「自由」の前提になっているからである。個人がそこに生まれた階層のルールに従うほかないという条件のもとで階層

分化社会に包摂されているという事態をいい表したのが、階層分化社会における包摂個人性であった。それに対して、機能分化社会に至ると、そうした階層分化社会における包摂個人性はもはやありえないし望むこともできなくなり、それに代わって登場したのが「排除個人性」（Exklusionsindividualität）であった[5]。この場合の排除は、社会のさまざまな機能システムに自らの才覚で参加しなければならなくなった条件のもとで、もはやたったひとつの部分システムに拘束されないということである。排除がノーマルな事態となり、基本的には誰でもがさまざまな機能システムに包摂される可能性（あくまでも可能性）が用意されていることを、機能分化は前提としている。

## ○累積的排除の遮断という現代的課題

しかしながら、ノーマルな排除が、問題のある排除に至る場合が生じる。それが「累積的排除」（Luhmann 1995: 260=2007: 232-3、Luhmann 1997: 631=2009: 926-8）である（第1章参照）。個人からみれば、ある機能システムに包摂される必要があるのに長期的・継続的になんらかの機能システムに包摂されない事態である。いいかえれば、排除が固定化され、再包摂のチャンスが見込めない事態である。とりわけ、失業がつづくこと（経済システム）、公的な社会保障サービスの対象から外れること（政治システム）、進学ができないこと（教育システム）は個人の生活にとって大問題となる。現代の社会福祉の最大の課題は、この累積的排除の遮断であるといってよいだろう。

第2章第1節で述べたように、こうしたルーマンの視点を土台として、ドイツのSoziale Arbeit研究者の一部は、Soziale Arbeitの社会的機能を位置づけようとしている。個人の生活にとって死活問題であるこうした継続的な排除および累積的

[5] Nassehi（2002）は、たったひとつのサブシステムへの所属ではなく、多数の機能システムへそのつど参加する（せざるをえなくなっている）ことを「マルチ包摂」と呼んでいる。そのさい、「Individuum（英語ではindividual）」が元々は「分割されるもの（dividuum）」の否定形である「分割されざるもの（In-dividuum）」という意味であることを引き合いに出して、機能分化社会における包摂は「個人」としてではなく「分割されたもの（dividuum（英：dividual））」としておこなわれている（Nassehi 2002: 125）ことを指摘する。ちなみに、平野（2012）の「分人（dividual）」は、そのつどの相手とのあいだで生じる複数の「分人」の「比率・配分」として、すべての「分人」を「自分」として捉える個人像を提示している。とりわけ愛する者の喪失においては、その人の前でなら「自分も心地よくいられた私（分人のひとつ）」も喪失するという視点は、本書の人格的な関係を築く他者との相互的な「存在の承認」と軌を一にしていると考えられる。

排除を予防し、再包摂へ転換することがSoziale Arbeitの課題であるとする現代社会とSoziale Arbeitの関係を見定めようとしている。次節では、こうしたSoziale Arbeit研究の現在の頂点ともいえる、マース（2009）の論を紹介し、Soziale Arbeit研究にとっての包摂／排除－図式の意義をさらに探ることにしたい。

## 第3節　機能システムとしてのSoziale Arbeit

### ○包摂要請と排除の現実のアンビヴァレンツとSoziale Arbeit

　本節では、ルーマンに代表される社会学的システム理論を理論的資源としているSoziale Arbeit研究の現時点での頂点とも捉えられるマースの議論を確認する[6]。筆者の力量不足ゆえにマース（2009）のとくにSoziale Arbeitの組織については十分に取り上げられないが、中心テーマであるSoziale Arbeitの社会的機能に関するマースの議論を紹介したい。もちろん、マース以前にもさまざまな論者がSoziale Arbeitの社会的機能について議論を積み重ねてきた。例えば、機能分化社会においては排除問題が生じていること、Soziale Arbeitの課題は再包摂であることという主に2点が述べられてきた。しかしながら、そのロジックの細部にまではあまり光があてられてこなかったきらいは否めない。機能分化社会が排除を帰結しているとはいえ、どのようなロジックで排除を生み出しているか。またSoziale Arbeitが再包摂を課題としているとはいえ、どのようなロジックで再包摂を可能にしているのか。さらには、「機能システム」として規定するためには、再包摂によってどのような問題が生じているのかなど、マースの議論は、これまでのSoziale Arbeit研究をより深めより広めている。

　マースが自らの議論の軸に据えているのは、晩年のルーマンが強調していた、現

---

[6] 1994年のベッカー論文以来、繰り返されてきた「Soziale Arbeitは機能システムか否か」というテーマについて、マース以後は管見の限りだが、有力な議論は見当たらない。2023年にSabine Alexandra Locherによる特別支援教育（Sonderpädagogik）分野の博士論文がアップロードされ、主査はテルフロート、副査はあのフックスが務めている。重度重複障害者の包摂／排除をテーマとしており、ルーマンの包摂／排除－図式や全包摂、フックスの包摂システム、マースのSoziale Arbeit論を軸とした内容である（タイトルは「Das Postulat der Vollinklusion im Förder- und Betreuungsbereich」（「支援分野および介助分野における全包摂の公準」とでも訳すことができる）ので、上記のようなSoziale Arbeitの社会的機能に関する内容ではなく、支援者と重度重複障害者の対面関係での包摂システムが主たる内容と思われる。

代社会における包摂要請と排除の現実のアンビヴァレンツである。より詳しくいえ
ば、現代社会は、誰彼の別なくあらゆる機能システムに参加できることという全包
摂の理念を支えとしているものの、そうした理念を掲げるがゆえに実際に機能分化
の構造によって生じている排除を、現代社会は許容することができなくなっている
というアンビヴァレントな事態である。「機能分化の成功とその存続は、あ̇ら̇ゆ̇る̇
機能システムへのあ̇ら̇ゆ̇る̇アドレスの受取人になるという原理的な参加可能性と
結びついているという前提を、必ず満たすことにあることは疑いない。だからこそ包
摂要請がおこなわれることになるのである。ところが、この包摂要請はそれぞれの
機能システムの合理性と真っ向から反しているのである」(Maaß 2009: 74。傍点
は原著者)。というのも、例えば経済システムならそのコミュニケーションが貨幣を
用いた支払いのコミュニケーションか否かという観点でのみ取り扱うように、あら
ゆる機能システムは自らの機能に関連する観点でしかそれぞれのコミュニケーショ
ンを取り扱えないからである。それゆえに、機能分化社会は、構造的に「タクトロス
(Taktlos)」だとマースは指摘する (Maaß 2009: 71)。「タクトロス」は「思いや
りの欠如」や「礼儀知らず、無粋な」とも訳される。あるいは、あらゆる機能システム
は自らの環境 (Umwelt) に対しては無関心でよく、それゆえ機能分化社会は社会の
全体を見渡す「アンテナ」をもつ必要がないしくみである (Maaß 2009: 74)。

　このように機能分化社会にとってその存立をかけて必要な包摂要請は、残念な
がら、現実問題としてそれぞれの機能システムの存立根拠と真っ向から対立してお
り、仮にそうした包摂要請に個々の機能システムがしたがうとすれば、その機能シス
テムは立ち行かなくなるだろう。したがって、そうしたしくみの機能システムは、社会
全体の心配をすることなど考えられず、仮にそうしてしまえば機能システム自体が壊
滅しかねないことなる。マースは、こうした包摂要請と排除現実のアンビヴァレンツ
という点を、どのSoziale Arbeit研究者よりも明確に論じている。

　このようにマースは、Soziale Arbeitの機能を明らかにするためには、現代社

会の全包摂という要請をしっかり明記しなければならないと述べる。「社会に対するSoziale Arbeitの機能は、なによりもまず第一に、機能分化の包摂要請の必要性を基軸として記述されうる」（Maaß 2009: 72）。そのうえで、そうした包摂要請に鑑みると、「Soziale Arbeitの機能は、一般的な包摂のチャンスの再－形成として表される」（Maaß 2009: 72）。ここでマースはフックス（2000）の言葉を借用しているのだが、フックス（2000: 167）は「一般的な包摂」（general Inklusion）を全包摂の意味で用いていると理解してよいと思われる。Soziale Arbeitの機能は、機能分化社会における包摂要請という基本的課題に応えることであり、機能システムから排除された人（正確にいえば排除された「社会的アドレス」、補論1を参照）がもう一度、包摂されるチャンスを作ることである。

　再包摂のためにSoziale Arbeitがおこなうことは、排除された人または包摂が脅かされている人の社会的環境を整えることであるとマースは述べている。排除された人が包摂されるように多数の機能システムに直接的にはたらきかけることは、社会学的システム理論からすると、理論的に不可能であるし、経験的にもできるとは考えられない。「Soziale Arbeitは──システム理論を基底に据えてみると──、例えば教育的努力あるいは治療的努力の場合のように、『人びと（Leuten）』または人間『それ自体』に対して働きかけるものではなく、社会的アドレスが脅かされた場合にそのために必要な環境を整序すること（Umweltarrangement）がSoziale Arbeitの機能であると考えられる」（Maaß 2009: 73）。したがって、例えば、就職先を探す青年に対してソーシャルワーカーができることは、願書の書き方を教示することぐらいであるとマースは述べる。

　　ある青年が、見習い勤務に就こうとしても企業内研修を実施している企業の側からいつも拒否される場合に、Soziale Arbeitの一環として、まず求職活動のための文献をその青年に手渡すことができる。同時にソー

シャルワーカーの支援は、応募書類の書き方や魅力的な外見のヒントの支援に広がる。しかし、「外的」な可能性を全て尽くし、就職面接を成功させる前提条件がすべて与えられた時点で合否は将来の雇用主の手に委ねられるし、さらに面接者を納得させうるような青年の能力に委ねられる。

（Maaß 2009: 72-3）

　Soziale Arbeitの機能が包摂支援や再包摂であるとしても、それはいかにして可能か。また再包摂はどこに焦点を合わせる支援なのか。それは、排除の危機にある人の社会的アドレスに焦点を合わせた再包摂である。排除に脅かされている人に対する再包摂をおこなう「Soziale Arbeitは、アドレス・アルバイト（Adressenarbeit）なのであり、このアドレス・アルバイトは包摂がおこなわれるためのいくつかの前提条件を適切にまとめ上げて、その人の包摂がおこなわれることを可能にさせることなのである」（Maaß　2009: 73）。例えば、児童手当などの金銭的支援は、そうすることで当人が抱える支援の必要性のなかの財政的側面が支えられることであり、それによって「経済的なアドレス性が保証されることになる」（Maaß 2009: 73）。

　このように包摂要請に鑑みて、排除された人の社会的環境条件を整えるアドレス・アルバイトに取り組み、再包摂過程を始めることがSoziale Arbeitの機能である[7]。こうしたSoziale Arbeitの機能をマースは次のようにも表現している。「Soziale Arbeitは、[排除された人びととの] 世話と付添い、人びととの治療や教育の媒介、財政的・物的支援およびその他いくつかを引き受けているのみである。というのも、関連する機能システムからのコミュニケーション的排除は、当該の機能システムによって受けとめられないからである。そのことに関連して、政治、経済、芸術または教育における両立しないアドレスがつくる『心配事 (Sorgen)』は

---

[7] 例えばクレーヴェは、Soziale Arbeitの機能を包摂可能性の再活性化と書き留めていたが、マースのようにSoziale Arbeitが「アドレス」に焦点を当てている点は明確に述べられていない。「Soziale Arbeitは包摂をテーマ化する機能が割り当てられているといってよいし、どのようにであれ社会的に排除されているパーソンの代理的な包摂を越え出ようとして、さまざまな社会システム（例えば経済、教育、健康システム、政治、法など）に関連するそのパーソンの個人的な包摂可能性を再活性化する機能が割り当てられている」(Kleve 2000: 61)。

Soziale Arbeitに割り当てられる。Soziale Arbeitのはたらきに関する悪辣な
メタファーでいえば、Soziale Arbeitによって『［心配事は］廃棄処分されている
（entsorgen）』」（Maaß 2009: 75）。Soziale Arbeitは、社会が活動していく
うえで不可避的に生み出さざるをえない排除の「処分」を担当しているという見方
を、マースは提示している。いうまでもなく、ここでの処分されるものは、排除された
「人間」を意味しているわけではない。機能分化社会が活動していくうえで、不可
避的に排除しなければならない「アドレス」を指している（もちろん、アドレスが排
除されるということは、その当人にとってみれば、自らの存在が社会にとってあたか
も不要なものであると捉えざるをえないほどの心理的ダメージ、実存的な傷を受け
ることになる）。

　ルーマンによる機能分化社会の分析のとおり、機能システムは自律的に自らの機
能を果たすために、人びとの不平等状態を利用している。ある人を包摂するという
ことは、不可避的にその他の人を排除するということである。機能分化社会では、
人間はもはやひとつの所属先があるわけではなく、機能システムもそのつど包摂す
る人（アドレス）と排除される人（アドレス）を選択しなければならない。例えば、あ
る企業が社員を採用（包摂）するための求人条件を「大卒以上、22歳以上40歳未
満」として設定するということは、その条件に見合う者を包摂すると同時に、それ以
外の者（高卒者、40歳以上の者）をはじめから排除することを宣言している。その
さい、企業は包摂した社員のちからを用いて経済活動に励むことができるだけであ
り、排除された（採用されなかった）者が生活していけるのか、他の就職先がみつ
かるか、就職先がみつかった場合にその企業はひどい搾取をする会社ではないか
どうか等についてはなんらの責任もない。機能分化社会においては、構造的に、機
能システムが自らの外部で起きている出来事に関心をもたないようになっている。
「それぞれの機能システムは自主的なものとして分化しているのであり、メタファー
を用いていえば、社会の全体を見渡す『アンテナ』をもつ必要がないようなしくみに

なっているからである」（Maaß 2009: 74）。したがって、それぞれの機能システムにおけるコミュニケーションからの排除は、それを引き起こした当該の機能システムによっては食い止められえないのである。例えば、「経済システムにとって重要なのは、……そもそも売ったり買ったりするさいの支払いと支払いが接続するかどうかだけが重要になってくる」（Maaß 2009: 74）のである。

　それぞれの機能システムは、自らが担当する機能に専念しており、社会の他の機能システムにおける出来事については構造的に無関心である。現代社会では、包摂要請が理念として掲げられており、機能システムの包摂が建前上は保証されているはずなのだが、現実には排除が出来している。Soziale Arbeitは、包摂要請と現実の排除という現代社会のこうしたアンビヴァレンツの前に立たされていることをマースは強調しているのである。

## ○シンボル的に一般化されたコミュニケーション・メディアとしての要求

　次いで、マースはSoziale Arbeitのシンボル的に一般化されたコミュニケーション・メディア（symbolisch generalisierte Kommunikationsmedium）は「要求」（Anspruch）であると主張する。「要求」というコミュニケーション・メディアを掲げた点がマース（2009）の白眉であり、その後の議論に強い影響力をもった[8]。「一言でいえば、あらゆるSozialarbeitの活動とそのコミュニケーションは、要求によって、また要求として申告されなければならず、系統的に提供され、支援に関する期待構造を形成すべきである。これが私のテーゼである」（Maaß 2009: 91-2 傍点は原著者）。「私のテーゼは、Soziale Arbeitの援助実施（Hilfeleistung）のさまざまな形式は、『要求』というシンボル的に一般化されたコミュニケーション・メディアに起因するということである」（Maaß 2009: 93。傍点は原著者）。

　シンボル的に一般化されたコミュニケーション・メディア（以下、文脈に応じてシンボル・メディアと略記）というのは、社会学的システム理論の概念群のなかでも重要な概

[8] マース（2009）の冒頭に寄せた文章（Maaß 2009: 3-4）でシンボル的に一般化されたコミュニケーション・メディアを「要求」に見定めたことによって従来のSoziale Arbeit論よりも大きな理論的獲得物を得ているとフックスは賞賛している。またSoziale Arbeitの歴史や方法論の比較に詳しいランベルス（2014）もSoziale Arbeitのコミュニケーション・メディアの説明部分では複数の研究者による解説よりもマース（2009）ひとりの解説に紙幅を費やしている。

念のひとつであり、コミュニケーションの生じにくさ（unwahrscheinlichkeit）を解
決してコミュニケーションが生じやすくなる機能を果たすものを指す。シンボル・メディ
アの例としては、経済システムなら貨幣が、政治システムなら権力が、親密な関係のシ
ステムなら愛がそれに該当する。もし貨幣（シンボル・メディア）がなければ、商品を欲
しい人と売りたい人のあいだでの（売買という経済的な）コミュニケーションが生じに
くく、首尾よく売買が成立する可能性は低いままだろう。「一般化された」というのは、
ルーマンのいう意味（Sinn）の3次元（事象的次元、社会的次元、時間的次元。例え
ば、Luhmann 1984: 92-147＝1993: 92-157＝2022（上）: 87-141を参照）が一般
化されているということである。売買コミュニケーションを例にとれば、売買の成立し
やすさがどの商品についても（事象的次元）、誰とのあいだででも（社会的次元）、い
つでも（時間的次元）期待可能になることが、社会の全般に渡って高まっているとい
うことである[9]。したがって、シンボル・メディアがなければ、コミュニケーションを始め
ようとする動機づけも、ならびに申し出られたコミュニケーションを受け入れる動機づ
けも低いままである。あらゆるコミュニケーションにとって、双方の側での動機づけが
期待可能であり、双方の側でそのことがわかっている場合に、コミュニケーションは申
し出やすく、かつ受け入れやすくなり、つまり継続的・安定的になる（コミュニケーショ
ン・システムの水準でいえば、期待が再帰的になるということである）。

　Soziale Arbeitの文脈でいえば、「要求」というシンボル的に一般化されたコミュ
ニケーション・メディアは、「援助を受け入れることの動機づけと援助を実行すること
の動機づけがうまく選択される」（Maaß 2009: 79）機能を果たしている。一方で、
援助を実施しようとする側（支援者等）が援助を申し出ようと思えるのは、困窮する人
が抱える援助の必要性（Hilfsbedürftigkeit）が発する「要求」が、援助すべき条件
を満たすからである。と同時に、援助を受けようとする側（困窮者、排除（に脅か）さ
れる人等）が提案された援助を拒否せずに受け入れるのは、自らの生活困窮の状況に
対する援助を「要求」してよいと思えるからである。つまり、要求というシンボル的に一

---

[9] シンボル的に一般化されたコミュニケーション・メディアの「一般化」の解説については、愛を例に述べている村中（2005: 280-1）の
　「訳者解説①」を参照。

般化されたコミュニケーション・メディアは、「援助してほしい」という要求とそれに対する援助の実施を「つなげる」役割を果たしている。より詳しくいえば、要求とそれに対する援助の実施が「ひとつのセット[10]」のようにつながっており、要求と援助の実施が統一性を有していることを双方の側に期待させる機能を果たしているといってよいだろう。このようにして、Soziale Arbeitはあらゆる生活困窮状況を対象にするわけではなく、専門職的な観点からみて「ケース」（Fall）として判断した生活困窮者を明確にかつ限定して援助を実施できるのである。マースは、フックスにならって、Soziale Arbeitのコードを、「ケース／非ケース」として捉えている。

仮に「要求」がメディアとして機能しない状況を想定してみると、要求がなされても「援助の実施を要求できる困窮度ではない」とか、もしくは「援助を実施する条件には合致しない」と判断され、援助が実施されないこと、つまり「非ケース」として扱われうるということである。この意味で、要求というシンボル・メディアは、「要求とそれに対する援助の実施」を「ひとつのセット」として期待可能なものとしてつなげることで、Soziale Arbeitの援助のコミュニケーションの生じにくさという問題を超えて、双方の動機づけを期待可能で、安定的・継続的なものにしているのである。

## ○マースはSoziale Arbeitを限定的に捉える

このようにマースは、Soziale Arbeitを、「要求」というシンボル的に一般化されたコミュニケーション・メディアを備える機能システムとして捉えた[11]。このマースの議論をより際立たせるために、マースがSoziale Arbeitを2つの点で限定的に捉える立場を選択していることを確認しておくべきだろう。

ひとつは、前近代社会の施し（Almosen, Gaben）や、近隣住民同士の助け合いといった「要求」なしにおこなわれるような「無条件の援助実施」（bedingungslose Hilfeleistung）とマースが呼ぶ援助のありようは、Soziale Arbeitには含まれない（Maaß 2009: 98）ということである。無条件の援助実施

---

[10] 社会学的システム理論の用語でいえば、要求の形式（Form）は「要求／実施・給付」（Leistung）の統一体（Einheit）と表現される（Maaß 2009: 94, 99）。

[11] 博士論文（2007年）のタイトルは「社会の機能システムとしてのSoziale Arbeit?」に対して、2009年に公刊されたタイトルは「社会の機能システムとしてのSoziale Arbeit」になっている。詳しい経緯はわからないが、末尾の「?」が削除されている点は指摘しておきたい。

は、あくまでも個人の自発性等によるものであるため期待しづらく、継続的になされる見込みは低いし、また援助を受ける側が要求しうる権利が見出されないからである。つまり「要求」の再帰的な期待構造が成り立たず、それゆえSoziale Arbeit（の組織）が「ケースか非ケースか」を組織のプログラムにもとづいて決定できるものではない。もちろん、マースは施しや近隣同士の相互扶助といった営みを否定しているわけではない。Soziale Arbeitを機能システムとして捉えるうえで、無条件の援助実施までもSoziale Arbeitの一部として含むことはできないという理論的立場を、マースは選択している。

　もうひとつ、Soziale Arbeitに含まれないとマースが述べるのは、社会保障制度にもとづく援助実施である。この場合の援助実施（Hilfeleistung）は「保険給付」（Versicherungsleistungen）という意味だが、例としては年金給付や医療給付、失業保険給付等である。これらをマースは時間（Zeit）に絡めて述べる。（マースからみてSoziale Arbeitに含まれない）保険給付は、過去に条件を満たしている場合にのみ要求する権利（請求権）を有するものである（給付は現在または未来におこなわれる）のに対して、Soziale Arbeitのシステムに含まれるのは、現在に実際困っていることがSoziale Arbeitの組織の判断によってケースとして認められ、それが未来の給付を要求できる場合に限られる（Maaß 2009: 97-8）。Soziale Arbeitの援助は、すでに過去になった状態に対してはもはやおこなわれない（すでに申請済み日時を遡れる場合を除いて）し、援助は「備蓄」して貯めておくこともできないことが意味されている（Maaß 2009: 97）。

　このようにマースは、Soziale Arbeitを機能システムとして明確化するために限定的に捉えたといえる。いいかえると、Soziale Arbeitは、ありとあらゆる援助をおこなうのではなく、排除に脅かされたアドレスのなかから、「要求」メディアを駆使して専門職組織によって援助すべき「ケース」として判断されたものの再包摂に向けた取り組みだといえる。つまり、社会保障の給付も、施しや近隣住民同士の助

け合いも、マースはSoziale Arbeitには含めないのである。

## ○ゼロ方法論

しかしながら、マースはSoziale Arbeitを限定的に捉えるだけではない。「要求」の条件を満たさないがゆえにSoziale Arbeitの対象外 (非ケース) とされたにもかかわらず、Soziale Arbeitがまったく無関係になることができない場合、例えばホスピスで死にゆく人への寄り添いなどでもSoziale Arbeitはある方法で援助の準備をしている、とマースは指摘する (Maaß 2009: 131)。社会学的システム理論では、それはシンボル・メディアのゼロ方法論 (Nullmethodologie、Nullmethodik) と呼ばれる。シンボル・メディアは、自らが除外した事柄を包含することによって、あらゆる事柄に対して例外なく利用可能にならなければならない (Luhmann 1997: 386=2009: 438)。「Null」は「ゼロ」を意味する。数学は「ゼロ」という数ならざるもの (除外したもの) を「ゼロ」という記号をとおして数学の内部に包含することによって、計算可能性を高めている。この考え方をルーマンは応用している。

ゼロ方法論は、フックス (2004) によると、権力というシンボル的に一般化されたコミュニケーション・メディアを用いる政治システムを例として説明される。フックスによると、権力 (Macht) というシンボル・メディアは、なるべく権力を発動させずに (権力ゼロの状態で) その目的を達成しなければならない (Fuchs 2004: 85-6)。つまり、権力というシンボルは「威嚇なしに威嚇する」ことが重要であり、政治はできる限り権力の行使に駆られてはならない (Luhmann 1997: 387=2009: 439-40)。なぜなら、権力を実際に用いてしまうと、実際にどの程度の実行力を保持しているかが人目にさらされてしまうからである。さらに、ルーマン (1997: 387=2009: 440) にならって、フックスは親密なシステムにおけるゼロ方法論も取り上げる。親密なシステムは、愛をシンボル・メディアとするコミュニケーション・システムであるが、愛する二人は日常生活のなかでいつまでも高揚してい

るわけにはいかない。つまり、平凡な、彩りのない日常的局面（愛がゼロといえる状況）に共同で耐え忍ぶことや、相手の不用意な言動（愛がゼロといえる言動がみられた場面）に耐えることが、かえって愛の証（それでもともに日常を過ごしつづける二人をつなぐものの証明）として演出される。これが親密なシステムにおけるゼロ方法論である（Fuchs 2004: 86）。

　マースはSoziale Arbeitも、ゼロ方法論を用いていると述べる。ひとつは、先に述べた社会保障プログラムによって除去できない問題を、Soziale Arbeitの対象外として除外すると同時に、しかしながらその問題を表象し、再包摂のシミュレーションを実施することに見出される。例えば一般には「運命」として受け止められるような、臨終間もない患者や看取る家族に寄り添うこと等があてはまる。「適切な援助可能性が考えられないがゆえにその現象をケースとして宣言できないが、［援助］行為の要請がまぎれもなく明確に存在しているので非ケースとしても記録できない、といった状況」（Maaß 2009: 131）がある。もうひとつは、「要求」の条件が満たされていない場合でさえも援助が必要とされ、実際に援助がおこなわれる場合である。そこには専門職の道徳が必要となる。

　　要求というメディアが限定された可能性にもかかわらず普遍的に用いられつづけるためには、私のテーゼによると、援助を受ける人と向き合う人びと［つまりソーシャルワーカー］の「無私の」投入によって要求メディアは実現される。そうすると、ソーシャルワーカーが要求というメディアの及ぶ範囲を超えて援助をおこなうことがいかにして正当化され、理由づけられるのか。この問いに対する解答は、援助実施が要求というメディアが及ばない場合でも必要であるとする道徳図式の投入によって、理由づけられ正当化されるのである。

このようにマースは、Soziale Arbeitを限定的に捉える一方で、ゼロ方法論を適用して、「要求」メディアの条件を満たさないけれども援助を必要とする事柄に対してもSoziale Arbeitは援助を可能にしている、と捉えたのである（社会福祉の歴史に見出されるボランタリズム（阿部 1997: 91、2004: 91-3）がゼロ方法論のひとつといえるかもしれない）。

　以上、包摂要請と排除の現実とのアンビヴァレンツの前に立たされる社会福祉は、さらにいえば現代社会においては、いかなる（再）包摂が可能かをみてきた。

　しかしながら、本章で述べてきたSoziale Arbeitの社会的機能は、いうまでもなく社会全体にとってSoziale Arbeitがいかなる機能を果たしているかという、いわば一般化され抽象化された人間の機能性の面にかかわる議論であった。第4章では、こうした現代社会において可能な包摂の論理を探るにあたって、専門職者による介入の問題、とりわけフックス（2011）が提起した支援者と被支援者のミクロな1対1の対面状況における「包摂システム」を取り上げたい。

　その前に、補論1で「社会的アドレス」とは何かを取り上げ、第3章で機能分化を遂げた現代社会における包摂／排除の問題、および社会福祉が専門職的組織によることを最大の特徴とすることを確認する。機能分化を遂げた現代社会における社会福祉のありように迫るために、社会分化のありかたのいかんによって包摂と排除の問題が決定的に異なる様相をみせるので、それぞれの社会分化における社会的援助との差異を明らかにしたい。

# 補論1　包摂／排除の問題にとって「社会的アドレス」はなぜ重要か

　マースがSoziale Arbeitのはたらきを「アドレス・アルバイト」と書き留めたように、包摂／排除—図式にとって「社会的アドレス」は重要な概念である。そのため、補論1では、社会的アドレス概念の提唱者であるフックスの議論を確認したい。

## ○フックスによる提起

　社会的アドレスは、コミュニケーションに人間がどのようにかかわるかに関する概念である。コミュニケーションと人間の関係でいえば、第1章で相互浸透、包摂、社会化そしてパーソンといった諸概念について確認した。これらの概念はいずれも、すでにコミュニケーションに関係している人間を前提にして用いられる概念である。包摂と社会化も、またパーソンもすでにコミュニケーションにかかわっている人間のありようについての概念化であった。それらの概念のもとでは、コミュニケーションにかかわることができていない人間を捉えられない。つまり、コミュニケーションに関係していない人間を捉える概念が、1990年代半ばまでまだ明確にはルーマン理論には見出されなかったのである。1990年代になると、ルーマンは、ブラジルのファーベラなどのスラム街の存在を踏まえて、そもそも社会の各機能システムにうまくかかわることができない事態をいい表す概念がこれまでの社会学——ルーマン理論も含む——には欠けていることを反省し、排除をテーマとすることになったといえる。それゆえ、ルーマンは包摂／排除という概念ペアを新たに提起することになった。つまり、「コミュニケーション連関において……有意味な者（relevant）と指定される」（Luhmann 1995: 241＝2009: 208）こととして包摂を改めて定義し、その反対概念として、コミュニケーションにおける顧慮を受け

ないこととして排除を定義したのである。人間がコミュニケーション（社会）にかか
わっていない事態をいい表す概念として、排除がルーマンの理論に明確に位置づけ
られたのである。

　こうしたルーマンの理論的展開——排除概念の明確化——にいち早く反応したの
が、フックスであった。フックスは、1997年に「社会学的システム理論の基礎概念とし
てのアドレス性」という論文によって、ルーマンの包摂／排除－図式の問題設定をよ
り的確に概念化するために、アドレス性（Adressabilität）ないし社会的アドレス概
念を提起した。社会的アドレスは、コミュニケーション・システムに人間がかかわって
いるか、それともかかわっていないかという区別に焦点を当てた概念である。

## ○受け手が理解したときにコミュニケーションは始まる

　以下では、フックスの他の文献も適宜参照しながら、社会的アドレス概念の基礎
的な理解を確認する。その前に、社会学的システム理論におけるコミュニケーショ
ンの捉え方を確認しなければならない。

　社会学的システム理論では、コミュニケーションは、コミュニケーション・システ
ムの要素であり、次々とコミュニケーションが接続しつづけることでシステムとして
成り立っていると考える。一般的には、誰かが誰かに何かを伝えることがコミュニ
ケーションであると想定され、つまりは送り手の「伝達」をもってコミュニケーショ
ンが成り立つという捉え方がなされやすい。しかしながら社会学的システム理論
では、そうした自然な考え方とは一線を画したコミュニケーションの捉え方をして
いる。ルーマンは、コミュニケーションが成立する最も重要な契機は、受け手が理
解する（vestehen）ときだと述べる（Luhmann 1984: 203＝1993: 230＝2020
（上）: 200）。詳しくいえば、送り手の側の「情報」と「伝達」（行動）を、受け
手の側が「理解」したときにコミュニケーションが成立する。送り手が「何かを伝
えようとしていること」を受け手が察知するときの、「何か」にあたるのが「情報」

（Information）であり、「伝えようとしていること」（基本的には、伝達の意図）が「伝達」（行動）（Mitteilung）である。ルーマンは、コミュニケーションを、「情報」「伝達」「理解」の三極の選択構造と捉える（Luhmann 1984: 196＝1993: 221＝2020（上）: 193）。

　受け手の「理解」は、送り手側の「情報」と「伝達」の両者をバラバラに受け止めるのではなく、一体として両者の関係を含めて「理解」する。説明のために記述しようとすると「情報と伝達」と表現せざるをえないが、実際には両者を一体として理解しているから、コミュニケーションが生じるのである。このように、一体的なものを分けて表現せざるをえないとき、「情報／伝達」のように「／」（スラッシュ）で区切って表現することが社会学的システム理論では好まれる[1]。例えば、小学校低学年の子どもが何の脈絡もなく「担任の先生が好き」という「情報」だけを伝えてきたとき、なぜそれをいま・自分に伝えようとしているのかを、つまりその「伝達」を合わせて理解しようとして、「学校で何か嬉しいことがあったの？」などと尋ねて意図を探るだろう。つまり、「伝達」（意図）がわからないままでは、「情報」だけでは、コミュニケーションがうまく接続していかないので、「学校で何か嬉しいことがあったの？」などを尋ねてその「伝達」（意図）を明確にしようとするのである。また例えば、普段はメールでの連絡が多い相手から「電話してもよい？」とメールが送られてきたら、普段と異なる「伝達」（方法）を手がかりとして、何か重大な「情報」（吉報であれ悲報であれ）が伝えられる心の準備を事前にするだろう。つまり、「伝達」から「情報」を推測しているということであり、そのときすでに「情報／伝達」の差異に注意を向けていることでコミュニケーションが始まっている。

　コミュニケーションは受け手が理解したときに始まることは、さらに「情報」と「伝達」それぞれが何であるかが、受け手が構成することを意味する。つまり、送り

---

[1] より詳しくいえば、この「／」は、差異（Differenz）という。例えば、なんらかの「文字」を読む場合、その「文字」は「文字」だけで存在しているのではなく、「文字」の周りにある「余白」（や「他の文字」）との差異として存在していると捉える考え方において「／」が用いられる。まず「文字」と「余白」が最初から別々に存在していると捉えるのではなく、「文字」は書かれていく過程で「余白」との差異を際立たせながら現れる。社会学的システム理論における「システム」（社会的システム、心理システムなど）もこうした差異である。「システム」というのは「システム／環境」であり、そのつど「環境」との境界線を引きつづけることで、システムとして成り立っている。また、「包摂／排除」もこうした差異であり、排除のない包摂はないし、包摂のない排除もないのであり、「排除がない社会」はユートピアといわざるをえない。仮に「排除がない社会」があるとすれば「全員が包摂された社会」ではなく、「社会とは呼べないような場所に排除された人を追いやったみせかけの排除がない社会」でないか凝ってよいだろう。

手が「伝えようとした情報」ではなく、受け手の理解の仕方に左右される。送り手たる人間が自身が伝えようと意図した情報は、あくまでも送り手個人（の心理システム）にとっての出来事であって、コミュニケーション・システムの出来事ではないからである。このように社会学的システム理論では、コミュニケーション・システムと心理システムを峻別し、コミュニケーション・システムは人間とは異なる水準のシステムであると捉える。

## ○「伝達者」としての社会的アドレスの構成

　このようにコミュニケーション・システムは人間とは水準が異なるとはいっても、しかし「送り手」となる人間や「受け手」となる人間がいなければコミュニケーションは始まらない。とりわけ送り手による伝達行動がおこなわれなければ、いいかえると受け手によって「伝達」行動が理解されなければ、コミュニケーションは始まらない。つまり、コミュニケーション・システムにとっては伝達行動が生じる必要があり、伝達行動をおこなう者を特定する必要がある。ここで「社会的アドレス」が登場する。「社会システムの要素としてのコミュニケーションは、どこでもいつでも例外なくこのアドレス構築の問題をつくり出しており、したがってまた誰もが伝達行為を帰属するための凝固点として考慮されるという問題を例外なくつくり出している」(Fuchs 1997: 43)。

　コミュニケーションが始まるためには、送り手の発話やアイコンタクト、あるいは質問に対して受け手が、ずっと無言でいることや目を閉じたままでいることなども含めて、なんらかの「伝達」行動としてコミュニケーション・システムにおける出来事として構成される必要がある。いいかえると、「情報」や「伝達」行動だけでなく、「送り手」や「受け手」さえもコミュニケーション・システムによって構成されるのである。そのようにして、コミュニケーションは、「送り手」（として構成された人間）の伝達行動（として構成された事柄）を、コミュニケーションが始まる「立脚点」と

して活用する。その立脚点が、（人間ではなく）社会的アドレスなのである。ルーマンは「社会的アドレス」という語を用いていないが[②]、コミュニケーション・システムにおいて構成された伝達行動をコミュニケーションにおいて「旗印を掲げること」（Ausflaggieren）（Luhmann 1984: 226＝1993: 259＝2020（上）: 223）と表現している。旗印を掲げて、「ここ」に伝達行動があると明確に特定されることで、コミュニケーションが始まる手立てとなる。

　「社会的アドレスという［コミュニケーションの］構造要素の発生メカニズムは、伝達行為の帰属ならびに伝達行為者を、伝達行為に関連して明確に算定することにある」（Fuchs 2003: 23。傍点は原著者）。誰かが話していること、書いていること、大声で助けを求めていること、これらすべてはコミュニケーションによって取り上げられ、「伝達」として観察される場合にのみ、コミュニケーションの要因となるのである。そのさい、伝達（行動）と伝達者の区別があることに留意しなければならない。すなわち、コミュニケーションにおいてはことごとく伝達者が突き止められるという事情が視野に入れられる。

　それゆえ、コミュニケーションは、伝達を「行為（Akt）」として処理しなければならないのであり、行為という旗を掲げることによって、はじめてコミュニケーションは「送り手」と「受け手」を構成することができる。「旗を掲げること（Ausflaggieren）」は、伝達のいわば物的側面をいい表すメタファーといえる[③]。「このメタファーによって、コミュニケーションそれ自体は、行為と行為からなるシステムではないのに、行為と行為からなるシステムとして短絡的に表示されることになる」（Fuchs 2003: 23）。

## ○アドレス構築は包摂／排除にかかわる

　こうした社会的アドレスの構築は包摂／排除にかかわっている。なぜなら、目の

② ルーマンが「社会的アドレス」を用いていない理由のひとつは、おそらくフックスが「社会的アドレス」を提起したこの論文が1997年発表であり、ルーマンが亡くなったのが1997年11月6日であるため、ルーマンがこの論文を読んでいないかもしれないし、読んだとしてもそれを受けて新しい論文を執筆したかどうか定かなことは筆者にはいえない。いずれにしても「社会的アドレス」の内容いかんではなく、ルーマンの寿命という時間的な問題ではないかと思われる。

③ ルーマンは、コミュニケーションは直接には観察できず、観察できるのは行為のみであるとしている。「コミュニケーションは、直接には観察されず、推測されるしかない」（Luhmann 1984: 226＝1993: 259＝2020（上）: 223。傍点は原著者）。

前に誰かがいれば、誰もがコミュニケーションにおける「送り手」になれるわけではないからである。「送り手」になることは、「送り手」として注目されること、さらに「送り手」として期待されること、そして「送り手」として存在が認められることであり、そのコミュニケーション・システムにとって「有意味な者」（relevant）とみなされているということ、つまり包摂である。包摂は社会的アドレスの獲得を意味する。したがって、目の前に誰かがいてもその相手から自身が「送り手」として期待され、認められ、伝達行動に注目されなければ、物理的にそこに存在していても、そのコミュニケーションにとっては「いない」も同然であり、つまり排除されている。コミュニケーション・システム論における排除は、そのつどのコミュニケーションにとって「有意味な者」として扱われないことであり、「伝達行動をおこなう者」が帰属される「送り手」としての社会的アドレスを獲得できないこと、なんらかの情報を伝達しようとする「送り手」として期待されないことを意味している。

　コミュニケーション・システムは、コミュニケーションを進めるために、そのつど伝達行動をおこなう「送り手」の存在を必要とする、つまり包摂される者を明確にしようとする傾向があるのであって、排除する者を明確にすることに腐心しているわけではない。もちろん、秘密の話を始める場合には共有したい者以外の者をすべて排除しなければならないが、そういった場合を除けば、コミュニケーションが接続しつづけるためには基本的に包摂する必要がある。そのさい、誰（パースン）が包摂され、誰が包摂されないかのポイントをフックスは次のように述べる。「コミュニケーションというものは、その周囲において何が自己準拠できる者として（つまり伝達と情報が区別されうる行動をおこなっている主体として）みなされるか、あるいは自己関連づけが想定されないがゆえにせいぜいコミュニケーションのテーマになりうる客体としてみなされるべきかについて、決定することを避けられない」（Fuchs 1997: 44）。ここでの自己準拠（Selbstreferenz）というのは、自らの振る舞いの意味を考えられる（と期待できる）者を指しているだろう。自らの振る舞いが何を意

味しているか（何を意味しないか）や、自らの振る舞いの意味が他人には異なって捉えられうることをわかっていることを、ここでの自己準拠は意味しているといってよいだろう。つまり、周囲の者に対してなんらかの「情報」を「伝達」しようと意図しその伝え方をあれやこれや思案したり、取り扱いに注意を要する「情報」の場合には適切なタイミングが来るまで伝達を待つ判断をしたり、親しい間柄ではない相手と居合わせる場合（例えばエレベーター内など）には無言のままやりすごそうとしたりなど、そうしたいろいろな判断ができる（自己準拠能力がある）と想定される者だからこそ、われわれの側でもその相手の情報や伝達の意味をあれこれ考えて理解しようとするのである。そうした自己準拠の能力があると想定される者が「送り手」としての社会的アドレスを、当のコミュニケーション・システムの水準で与えられることが、包摂である。

　フックスの社会的アドレスの議論をおそらく日本で最初に紹介した小松（2003）のまとめを借りれば、社会的アドレスは「ペーター・フックスとともに、人格として社会的に（＝コミュニケーションの中で）顧慮されるということを、コミュニケーションの水準において伝達審級（Mitteilungsinstanz）として、あるいは伝達行為が帰属されうる地点として、社会的に承認されることである、と解釈することができる」（小松 2003: 187）。

## ○排除された者は「伝達者」として顧慮されがたい

　それに対して、そうした自己準拠が想定されない者がいれば「せいぜいコミュニケーションのテーマになりうる客体」として扱われるのであり、つまり何かを伝達しようとする者、「送り手」として期待されず顧慮されない。つまり排除である。そして排除される状態にある者は、「コミュニケーションにとって重要な、情報と伝達の区別は極めて剪定されて、縮減された情報関心だけが残る……」（Luhmann 1995: 263＝2007: 237-8）事態が招かれる。残った「情報関心」（その人についての事

柄だけへの関心）のおかげでせいぜいコミュニケーションのテーマになりうることはあっても、伝達意図が斟酌される「送り手」として期待される余地はきわめて限られてしまう。このような境界的例として、「動物または樹木はアドレスの候補者か否か、余所者（Fremd）や野蛮人（Barbaren）は候補者か否か、あるいは重度精神（知的）障害者は候補者か否か」（Fuchs 1997: 44-5）が挙げられる。

　このような排除された者とのコミュニケーションにおいて、またスラムやゲットーなどの排除領域といわれる場においては、自己準拠の能力が想定されるパーソンとして扱われる可能性は低い。そうではなく、互いの肉体が重要になるので、「知覚と、何よりもスピードが物をいうようにな」（Luhmann 1995: 263＝2007: 238）り、暴力や犯罪などの「身体が物をいう」社会的場面に遭遇しやすくなると考えられる[④]。

　さらに、本書の関心からいえば、「身体が物をいう」社会的場面は、高齢者（認知症）の介護、重症心身障害児・者の介助、終末期の患者および家族の医療や看護、そして家族や親戚や近隣住民などとの付き合いがほとんどなく自力で生活することが難しい状態にあると思われる一人暮らし住民との関係づくりも挙げられるだろう。そうした相手を、もはや伝達できない者とみなすとき、そうした相手は「せいぜいテーマになりうる客体」となり、その相手を「対象者」と呼ぶことに違和感が生じないだろう。そうではなく、一見するともはや伝達ができないようにみえるけれども、それでもなお身体の奥にある意思を注意深く理解しようとかかわるなかで、こちらに何かを伝達しようとする意思が向けられていることを感じ取るならば、改めてそうした相手は「伝達しようとする者」としてそのコミュニケーション上に現れる（アドレスをもつ）ことになるだろう（第4章参照）[⑤]。

④ リスク社会論の第一人者である小松は、「より深刻な環境被害がこうした排除領域に偏って現出しやすいという点を問題にせねばならないだろう。（中略）要するに、すべての決定に伴って不可避的に析出される『被影響者』の中でも、比較的大きな被害を被りやすく、それゆえみずから経験する『危険』を可視化しそれをコミュニケーションの俎上に載せてしかるべきだが、連帯のための資源も欠如し、また伝達審級とはみなされえないような人々が、『排除領域』に集中して現れる」（小松　2003: 189。傍点は小松）と、環境被害（とくに「決定者」に対する被影響者）という側面と包摂／排除の問題を重ね合わせて論じている。

⑤ 「伝達しようとする者」として自らが顧慮されない者が、いわば力づくで社会的アドレスを獲得し、「伝達者」としての地位を世界に認めさせようとする行為を、フックス（2004）はテロリズムにみてとっている。自らの存在を認めさせるため、とりわけマスメディアが放映せざるをえないようにするために、ますます過激で、新規で、センセーショナルな仕方が追求されるようになる。日本においても、例えば2008年の秋葉原通り魔事件や、2022年の元首相の銃撃事件などは、犯人はマスメディアを利用するために過激な内容を実行することで自らの訴え（「送り手」としてのアドレス性）を知らしめようとしたものと解釈できると思われる。なお、原田（2022）も、犯人が「（被害者は）誰でもよかった」と供述するタイプの「自爆的」犯罪の増加（今後も減ることはないように思われる）と、「実存的貧困」のつながりに注意を促している。

## ○乳幼児の社会的アドレス

　そうした場面として、フックスは乳幼児と（おそらく親などの熱心に世話する者）のコミュニケーションを挙げている。しかしながら、乳幼児に自己準拠の能力があると想定するのは難しいのではないかと疑問に思われるだろう。もちろん、フックスも、乳幼児は自分の内部状態に関する情報を伝達できず、自分と他者の違い（そして他者にとっての他者である自分）も、周囲の事物の区別も認識していない点を認めている（Fuchs 1997: 46-7）。しかしながら、そうした乳幼児の「内部」を探って自己準拠の能力を判定するのではなく、コミュニケーション過程に着目すれば、周囲の人間とのあいだで自己準拠の能力が想定されているのである。

　　　……子ども（Kind）には初めから自己準拠性が想定されている。いわば子どもを取り巻くコミュニケーション過程は、子どもをテーマとして扱うのみならず、（子どもの名前によってすでに）そのコミュニケーションの営み（Operation）に取り入れている。そのさい子どもは話しかけることができるのみならず、どんなにとりとめのない発話であれ、その発話の製作者として捉えられ、つまり自らの苦痛、喜び、内的な意図をたしかに前言語的ではあるが、それらと結びつけて公表する者として捉えられている。（Fuchs 1997: 46。傍点は原著者）

　子どもが、例えば喃語を話しているときは、発音も不明瞭で、発話の内容や意図を推し量ることすら難しいことは少なくない。しかし、子どものなんらかの行動を伝達行動とみなして、周囲の人間がそれに接続しようとするコミュニケーションがありうる。フックスはそうしたコミュニケーションを、「まるで〜のように」（als-ob）というモードのコミュニケーションとして捉えている。つまり「乳幼児がまるで自己準拠できるように」、いいかえればまるで伝達者であるように、周囲の人間がコミュニ

ケーションを進めるということである。いうまでもなく、乳幼児が喃語で何かを伝達したかどうか、また乳幼児が理解したかどうかは定かではないため、そうしたコミュニケーションには、絶えず「実際は異なるのではないか」という疑問符が付きまとうが、本人への「確認」を繰り返していくコミュニケーションをつづけた先に、「子どもが（予言の自己成就のように）なんらかのアドレスを獲得し、それとともに自己関連を確立する可能性を手に入れる過程」が生じる（Fuchs 1997: 47。傍点は原著者）。

　フックスは、往々にして親密な家族において獲得するこうした「最初のアドレス」（erste Adress）について述べているが、先にも述べたように、「まるで〜のように」というモードで伝達者を構成しようとするコミュニケーションは、乳幼児に限らず、認知症高齢者や重症心身障害児・者なども十分に含まれるだろう。「そうしたコミュニケーションは、伝達側面を強調しており、情報側面を縮小している」（Fuchs 1997: 48）とも述べられる。

　これは、先に確認したように、排除領域においては「コミュニケーションにとって重要な、情報と伝達の区別は極めて剪定されて、縮減された情報関心だけが残る……」（Luhmann 1995: 263＝2007: 237-8）という点と、正反対の事態をいい表していることは明らかであろう。

## ○社会的アドレスと人格

　自己準拠の能力がない者、いわば意識のない者とのコミュニケーションがどれだけ可能であるか、もしくは反対に限界づけられるかは、その者を取り囲む人びとがその者を「わかろう」としてかかわる関心の強さや注意力の繊細さ、根気強さにかかっているといってよいだろう。フックスいわく「コミュニケーションの可能的構造は、非意識的アドレスを取り囲む一方的な意識によって特徴づけられる」（Fuchs 1997: 47。傍点は原著者）。つまり、コミュニケーションできない者が初めから存

在しているのではなく、物理的にその場にいながらも周囲の誰からもコミュニケーションできない者とみなされ、伝達しようとする意図を汲み取ろうとされず、ひとりの固有な人格として繰り返して関心を向けられなかった者が、予言の自己成就のように、コミュニケーションができない（と自他ともにみなされる）者になっていくのではないだろうか。

　フックスが提起した社会的アドレスは、包摂／排除の問題が、各機能システムに参加することができるか否かという人間の機能性の次元にとどまらず、コミュニケーションにおいて何かを伝達しようとする意図をもつ、いわば人格としてその存在が認められるか否かという存在の次元にかかわる射程を有しているといえるだろう。

# 第3章

## 機能分化社会における
## 援助組織の登場

第3章では、ルーマンが「援助」をテーマにした1975年（初出は1973年）の論文をもとに、近代社会における援助の特徴が組織に移行してきたとするルーマンの議論を確認する。

## 第1節　社会分化の移り変わりと援助形式の変容

### ○「他者の欲求充足に対する貢献」としての援助

「社会的諸条件の移り変わりと援助の諸形式」論文（1975年）において、ルーマンは、環節的分化、階層的分化、機能的分化といった彼独特の三つの社会分化類型の変遷にそって、つまりは社会進化にそって、それぞれの社会にみられる援助（Helfen）のありようについての考察を展開している。

この論文において、援助は「他者の欲求充足に対するなんらかの貢献」（Luhmann 1975: 134）と定義されており、われわれの社会生活上のさまざまな活動が「援助」として、あるいは「援助」になりうるものとして視野に収められている。そのさい、いうまでもなく、専門職者による援助行為だけが念頭におかれているわけではない。例えば、なんらかの贈り物をすることとか、重い荷物を代わりに運ぶことなども、「他者の欲求充足に対する貢献」のひとつの事例でありうるといってよい。その意味で、人びとの社会生活全体が、この論文における援助の問題の射程内に収められている。このように社会生活における人びとの活動全体が援助とかかわっており、そうした人びとの相互連関のもとで援助もおこなわれているのだから、そうした社会のありように関する考察を欠かすことはできないのである。誤解を恐れずにいえば、援助の分析にとって「人と人との援助関係」が援助の分析の主たる分析目標だとしても、そうした援助関係を可能にしている（あるいは援助関係のありようを限定している）「人びとの生活実態や社会のありよう」にも止目する必要がある。

## ○援助の社会学分析の視点

　こうした射程のもとで、ルーマンは、援助に関する道徳的な研究の立場や心理学的な研究の立場から区別して、援助に関する社会学的な研究の立場を明示している。「援助するという行為に関する社会学的な研究は、道徳的な立場とか心理学的な立場からはおこなわれない。援助するという行為の社会学的な研究は、なぜある人間が他の人間を援助すべきなのか、ないしはどんな条件のもとでなら援助すべきなのかを根拠づけようとはしないであろう。さらに、援助への動機づけを体験処理の心理構造に関連づけることによって説明することを企てないだろう」（Luhmann 1975: 134）。すなわち、なぜ援助すべきなのかについての道徳的な立場、また援助する人はどのような心理特性をもっているのかについての心理学的な立場から、社会学的な研究の立場は区別されている。というのも、道徳的な立場も心理学的な立場も、主として、援助の道徳的な動機づけや心理的・個人的な動機づけを問題にしており、そのような動機づけを生み出し、許容し、促進する社会的条件を無視しがちだからである。たしかに、社会学的な立場も援助の動機づけを無視するものではないが、そうした動機づけの前提となっている、人びとのあいだである程度の共通理解がみられる社会的なものの分析を踏まえなければならないだろう。

　したがって、援助に関する社会的な期待類型をルーマンは問題にしているといってよい。そうした援助の期待類型を捉えるさいに、ルーマンは次のような姿勢をとっている。すなわち、「社会システムにおける援助の機能やその社会的重要性のいかんを問う社会学的な問いかけは、次のように多層的に立てられなければならない。つまり、一方においては、［援助の］状況規定のための明確に輪郭づけられた期待類型の使用可能性（それには当事者双方が見積もることのできる次の行為の水路づけを含んでいる）とかかわっており、他方においては、こうした期待類型が実際に利用されるチャンスがある現実のコンステレーション［人と人との社会的な位置関

係]にかかわっているということである」(Luhmann 1975: 134)。つまり、まず
ひとつは、ある相互作用状況を「援助」の状況であると当事者双方が規定するた
めに実際に用いる期待類型についての分析であり、それを踏まえたもうひとつは、
そうした期待類型が実際に用いられるような社会関係のあり方(コンステレーショ
ン)についての分析である。

## ○第一の分析

　第一の分析は、援助の期待類型についての分析であり、詳しくいえば、援助の
受け手や送り手がある行為を「援助」としてみなすさいの社会的な「枠組み」につ
いての分析である。例えば、ある者が他の者に対して金銭を与えた場合に、そのこ
とが「援助」として当事者双方のあいだで成り立つためには、まずもってそのことを
「援助」として当事者双方がみなすことができるような援助に関する期待類型(=
「枠組み」)が当該社会になければならない。そうした援助についての期待類型が
なければ、たとえある者が他の者に対して「金銭を与えた」としても、そのことは当
事者双方のあいだで「援助」として理解されず、したがって「援助」が成り立ちえな
いといってよいだろう。その意味で、援助は社会的な構築物としての性格を有して
いるということができ、援助の期待類型は、どのような出来事が「援助」として当
該社会の人びとから解される可能性があるのかを規定している。こうした期待類型
に準拠して、当事者双方は、そのつどの行為が「援助」であるかどうかを判断してい
る。したがって、援助の分析のためには、分析対象となる社会においてはどのような
援助の期待類型がみられるのかを確認する必要がある。こうした期待類型は、慣
習や法律といったさまざまな形態で現れる。

## ○第二の分析

　こうした第一の分析を踏まえたうえで、第二の分析についてみていきたい。もう一

度確認してみると、第二の分析というのは、（第一の分析で問題となった）援助について
いての期待類型が実際に用いられる社会関係のあり方（コンステレーション）に関し
ての分析であった。すなわち、当事者双方の社会的な位置関係についての分析であ
る。援助の期待類型にもとづいて、なんらかの行為が「援助」として規定されるという
ことは、当事者の一方の者が「援助する者」として規定され、かつ他方の者が「援助
される者」として規定されることを意味している。そのさい、人々の社会的な位置関
係によって、誰が「援助する者」あるいは「援助される者」なのかが社会的な期待の
水準であらかじめある程度まで規定されていることを看過してはならないだろう[①]。
例えば、ルーマンの分析の一例を挙げれば、「上層」と「下層」といった社会的な位
置関係がみられる階層分化社会においては、「上層の者」が「援助する者」として、
「下層の者」が「援助される者」として規定されうる。したがって、いかなる「社会的
な位置関係」がみられるのか、そうした社会的な位置関係がどのようなものとして解
されているかということに、その社会における「援助」の特性は左右されている。い
うまでもなく、こうした社会的な位置関係のいかんは、社会分化（環節分化、階層分
化、機能分化）[②]のいかんと密接に関連している。

　このように、援助が社会において生じている現象であり、その社会の援助のあり
ようは当該社会にみられる援助の期待類型と不可分であると捉える分析視点を
ルーマンは明確に打ち出しているといってよい。それでは、こうした視点のもとで、
さまざまな社会における援助のありようをどのように分析することができるのだろ
うか。ルーマンは、彼独特の社会進化論の三段階の社会を順にみていくなかで、そ
れぞれの社会における援助のありようを分析している。次節では、そうした社会分
化の変遷と援助の形式の変化についてのルーマンの分析を追っていこう。

① 岩崎（2018）は、「援助する仕組み」を「関係にもとづく援助」および「「関係のない他者」を援助する仕組み」に分け、前者は家族や友
　人などとの助ける-助けられる互酬関係と捉える一方で、後者を「福祉」として捉える。さらに「福祉」を「秩序維持型福祉」および「秩
　序再構築型福祉」に分けたうえで、「福祉」を社会の仕組みとして位置づける原理的な意味を、「福祉」につねに付きまとう三つの問
　題（平等、自由、公的領域）を視野におきながら、古代社会から現代までの展開と限界を捉え直す、重要な研究成果といえるだろう。
　ルーマンも岩崎もけっして通史を扱っているわけではなく、それぞれの社会のタイプごとの援助（「福祉」）のありようを指摘している
　のだが、本書では準備不足のため、岩崎（2018）とルーマンの分析のこれ以上の検討はできない。
② 分化のタイプは、主要なタイプをもって名付けられるが、その分化タイプの社会には唯一のタイプしか存在しないわけではない。機
　能分化社会においても、環節分化（国家など）が、また階層分化（いわゆる「先進国」と「発展途上国」など）がみられる。「いつものこと
　だが、社会というものを唯一の区別によって記述しようとする試みはすべて、非現実的な、誇張されたコントラストを示すことになる」
　（Luhmann 1995: 263=2007: 238）。

## 第2節　あらゆる分化タイプに共通の基本問題

### ○援助の基本問題

　社会分化類型のいかんによって援助のありようが異なるとするルーマンの議論を追っていくために、社会分化（gesellschaftliche Differenzierung）についてのルーマンの考え方を確認しておく必要があるだろう。現代社会の理論の構築を自らの課題としたルーマンは、全体的な社会あるいは社会というシステムを捉えるために、社会学において伝統的に用いられてきた有力な諸概念のなかでとくに社会分化の概念に注目している（Luhmann 1995: 237=2007: 203）。社会分化は、全体社会というシステムと部分システムとのあいだにどのような関係があるのかを見定めようとする概念である。ルーマンの社会システム理論は社会進化の理論としての性格を有しており、大きく三段階に分けられる分化類型をとおした社会進化論となっている。ルーマンの社会進化論においては、社会というシステムは、第一段階の環節的に分化した社会から、次なる階層的に分化した社会を経て、現代の機能分化した社会へと進化してきている。社会進化の各段階におけるそれぞれの部分システムのあり方は、環節システム（生活共同体や親族など）から、階層システム（階層や身分やカースト）を経て、機能システム（経済システム、政治システム、法システム、科学システム、教育システムなど）へと発展してきている。いうまでもなく、これらの社会分化の類型は、その社会の主要な分化類型を表しているのであって、例えば機能分化社会には環節システムや階層システムがまったくみられないわけではない。そのことを念頭においたうえで、こうした環節分化から階層分化を経て機能分化へといたる社会進化にともなって社会構造が変化しており、それぞれの社会分化類型における社会と個人の関係のあり方、さらには個々人が結びうる関係のあり方も変化することが念頭におかれている。

　こうした社会分化の三類型の移り変わりのなかで、それぞれの社会における援助

のありようはどのようなものなのだろうか。繰り返し確認してきたように、ルーマンは社会の分化形式のいかんによって援助のありようが変化すると述べているのだが、援助にはあらゆる社会において共通している基本問題があると述べていることも見逃してはならない。本節では、まずそうした三段階に共通する援助の基本問題とはどのようなものかを確認していきたい。

　ルーマンは、「あらゆる援助は、あるひとつの共通の基本問題を前提としているのであり、……つねに複数の人びとによっておこなわれる、欲求と充足能力のあいだの時間的な調整の問題と結びついている」(Luhmann 1975: 135)と述べている。すなわち、いかなる分化タイプにも共通する援助の基本問題というのは、多種多様な欲求を有している複数の人びとがともに生活しているなかで、ある時点では誰しも自らの欲求すべてを充足できないがゆえに、誰のどのような欲求を時間的に優先して満たして、誰のどのような欲求充足を先延ばしにするかという問題である。「あるひとりの人間が腹を空かせている場合に、他方の人間はまさに彼の家を修復しようとしたり、彼の娘を結婚させようとしたり、自らの社会的な名声を増大させようとしたり、あるいは自らの敵に害を与えようとしているだろう」(Luhmann 1975: 135)。このように当該社会の人びとは自らの欲求を満たす能力を異にしていると同時に、他者の欲求を充足する余裕も異なっているため、そうした欲求充足能力の異なる人びとのあいだでの相互調整が必要となるのであり、こうした相互調整が援助の中心課題となる。したがって、当該社会にはいつでも、誰の欲求をみたすのかと同時に誰のどのような欲求充足を先延ばしにするのかが問題となる。

　ある人の生活が他の多くの人びととの活動に依存して成り立っていることは、どのような社会にもあてはまる事実であるといえる。食事をするのであれ、家を建てるのであれ、物を運搬するのであれ、あるいは病気になったときに看病を受けるのであれ、われわれ一人ひとりの生活は数多くの他者の活動をとおして自らの欲求を充足していかなければ成り立たない。つまり、人びとが互いに他者の活動への依存を

不可欠とすることを踏まえてみると、そうした依存が可能でないことは、ある個人にとっての生活上の不都合を意味しており、そうした個人は援助を必要とすることになる。さらにそのさい、ある個人に生活上の不都合が生じてしまうと、その個人に依存している他の人びととの生活にも不都合が生じる。人びとのそうした生活上の不都合の相互連関は、社会全体にまで波及するとさえいえるだろう。例えば、病気などによってある人が活動できなくなってしまうことは、病気などに見舞われた当人にとって重大な問題だが、その病気になった当人の活動に依存している他の人びととの生活にとっても重大な問題となる。

　このように人びとがともに生活をしているということに、すでに援助の社会的な性格がみてとれるだろう。複数の人びとのあいだでおこなわれる欲求と充足能力の時間的調整というこうした援助に共通の基本問題は、多様な諸欲求を抱える人びとが互いに依存して生活していることにもとづいている。それだけに援助を問題とする場合には、多様な欲求をもつ各人が互いに依存しているという事態をとくと認識したうえで、どのようにして援助の期待を確かなものにできるのかが重要になる。ある時点で自分の欲求充足を後回しにされる者が、その後に自分の欲求充足の順番がめぐってくることを期待できるのでなければ、そうした社会で生活しつづけることは困難だろう。例えば、日本の国民年金にみられるように、将来の年金受給を見通しにくいことが現時点の未受給世代の年金に対するネガティブな意識の一要因であることは、こうしたことを如実に物語っているだろう。

## ○援助の機能―経済との対比

　こうしたあらゆる援助に共通の基本問題に対してどのように対応していくのかはそれぞれの社会によって異なっているのだが、いったいこうした援助の社会的機能はどのようなものとして捉えられるのだろうか。ルーマンは、多様な側面をもつ人びとの生活を視野に入れたうえで、とりわけ経済との対比によって

援助の機能を捉えている。ルーマンによると、経済は「人間存在の事前的ケア（Daseinsvorsorge）」として規定されるのに対して、援助は「人間存在の事後的ケア（Daseinsnachsorge）」（Luhmann 1975: 143）として捉えられている。つまり、食料をはじめとした生活に必要な資源を実際の必要に応じて前もって生産することが経済の機能として捉えられているのに対して、援助は必要な生活資源が実際に不足したさいに事後的にその問題に取り組むものとして捉えられている。人びとの生活には、必要な食料や資源が不足してしまう場合もあるだろうし、病気や障害などによって支障をきたしてしまう場合もあるだろう。そのように、生活への援助の必要性が生じた後になって事後的にその機能を果たすものが援助であるとルーマンは見定めているといってよい。このように生活に必要な資源をあらかじめ生産することを経済の機能と捉え、その生活に必要な資源が不足したりなんらかの病気などに見舞われた場合に、必要となる事後的な生活の支援として援助の機能を捉えるといった対比によって、援助の社会的機能を浮かび上がらせている点が注目される。

　援助の一般的な機能は以上のように確認されるが、それだけでは現代社会ないし近代社会における援助がどのような特徴を有しているのかが明らかになるわけではない。ルーマンは、現代社会における援助の特徴を見定めるために、それ以前の社会との比較をおこなっている。先に確認した、複数の人びとのあいだでおこなわれる欲求と充足能力の時間的調整という援助の基本問題にどう対応するかによって、それぞれの社会における援助の形式は異なって現れる。そのさい、繰り返しになるが、どのようなことがらが援助として期待されるかといった期待類型、また誰が「援助する者」で誰が「援助される者」であるかといった援助関係の構成のされ方は、社会の分化形式のいかんに規定されている。したがって、社会分化の形式の変化にそって援助がどのような形式をとっていたのかをみていくことで、現代社会における援助の基本的なありようをいっそう明確に考えてみることにしたい。

## 第3節　前近代社会における社会的援助
## ——全体社会的な調整——

　ルーマンの社会進化論における三段階のうち、はじめの二段階は前近代社会として特徴づけられている。本節では、この二段階の社会における社会的援助の形式を確認したい。

### ◯環節的に分化した社会

　第一段階の社会分化の類型は、古代社会ないし環節的に分化した社会であった。「古代社会は、環節的に分化した社会というシステムであり、親族または生活共同体といった同一の諸統一体に分かれている社会というシステムであり、あまり発展していない段階にある社会である」（Luhmann 1975: 136）。こうした「古代社会における生活態度は、あらゆる人に知られている相対的に数の少ない基本的欲求を充足することを基軸としている」（Luhmann 1975: 136）。古代社会の社会編成においては、親族や部族といった環節のなかに、人びとの結びつきの可能性は限定されており、結びつく可能性のある人びとは互いに見知った間柄であった。したがって、援助も、こうした古代社会においては互いに見知った間柄に限定されておこなわれており、その社会のなかの人びととの社会的な近さによって動機づけられている[3]。さらに、援助をすれば、いつかその相手からどのような形であれ援助を返してもらうことを期待できる相互性の制度化、つまり互酬性の規範がみられた。つまり、援助を必要としている相手の状態は、明日は我が身にも起こりうることであったため、古代社会における援助の形式としては相互性がみられたとルーマンはみている。

　こうした状況において、他者の欲求充足に対する貢献は施し物として期待されているのだが、「余剰がある場合、またある場合にのみ、援助は援助義務の形式を

---

[3] 岩崎（2018）の「関係にもとづく援助」の典型例といえる。「氏族」という同質性を基盤とする社会が挙げられる（例えば、岩崎2018: 16-8）

駆使して誘発されている」（Luhmann 1975: 137）。こうした施し物としての援助を受けた者は感謝義務を誘発されるが、そのさい、「援助に対して感謝する義務は特定されないままであり、援助される者の欲求や状況に応じておこなわれうる。つまり、感謝義務は、経済的なお返し、労働、相手への服従、相手に対する威信の付与、闘争の援助を駆使して、あるいはなんであれ――社会のあらゆる機能領域を横断して――実現されうる」（Luhmann 1975: 137）ことが古代社会の特徴を表している。つまり、古代社会においては、経済的な援助がなされた場合に、必ずしも経済的なお返しが期待されるわけではなかった。古代社会は、環境の変化によって大きな影響を受けてしまうために、比較的短期的な時間パースペクティヴしかもっていなかった。そのため、余剰がある場合にしか援助はおこなわれず、援助の期待の確かさはあまり先延ばしできず、感謝も特定化されずにおこなわれていたのであり、見知った相手との相互的な援助に限定されざるをえなかった。

## ○階層的に分化した社会

　ついで、社会進化の第二段階は、高度文化の段階に達した社会ないし階層的に分化した社会である。「高度文化の段階に達した社会は、より大規模になり、より複合的であり、いくつかの点ですでに機能分化がみられ……すでにはっきりとした階層分化を示している」（Luhmann 1975: 136）。高度文化の段階に達した社会の編成においては、上層や下層といった階層にもとづいて人びとの結びつきの可能性は規定されていた。古代社会とはちがって、階層分化や分業がみられたため、援助する側と援助される側の立場が入れ替わる可能性はほとんどなく、古代社会のように援助をすれば援助を返してもらえるというような相互性は消滅している。「分業や諸階層の分化によって、援助の直接的な相互性への動機づけという援助の基本的な要因、つまり援助される状態の可逆性は消失している」（Luhmann 1975: 138）。

そうした相互性に代わって、高度文化の段階に達した社会では、宗教的・道徳的に一般化された期待構造（例えば、富む者はそれだけで貧困な者に施しを与える義務があるといったノブルス・オブリゲージュ）によって、上層の者は下層の者を援助するように、下層の者は上層の者に援助されるように人びとは動機づけられており、上層の者から下層の者へと援助はおこなわれていた。「いいかえると、援助は、社会の階層化によって強化されている地位だけを示しており、援助は地位のシンボルであり、身分の義務であり……いずれにしても、階層化による社会諸階層の分化の安全弁のための慣習であった」（Luhmann 1975: 139）。「上層だから援助する」「下層だから援助される」といった「階層の差異の承認」という形式によって、援助はおこなわれていた。高度文化の段階に達した社会ないし階層分化社会においては、基本的には、上層と下層という社会の編成の仕方にもとづいて上層から下層へと援助がなされていた[4]。

## ○前近代社会では社会全体での調整が成り立っていた

以上の二つの段階においては、援助は、社会全体のレベルで調整される問題であった。すなわち、援助は、古代（環節分化）社会においては、社会におけるすべての人びとのあいだ（とはいえ対面的相互作用の範囲に限定される）での相互性（「明日は我が身」）にもとづいて取り組まれていたし、高度文化（階層分化）社会においては、上層の者にとっても下層の者にとっても（つまり社会のあらゆる人びとにとって）宗教的に動機づけられた重要な問題として取り組まれていたといえる。このように前近代社会において、援助は、社会的期待としては社会全体にわたる問題として位置づけられていたのである。つまり、あらゆる人びとが援助する側か援助される側のいずれかに割り振られていたと捉えることができる。

しかしながら、機能分化した社会としての近代社会になると、援助はそうした全体社会的なレベルの調整を失い、いいかえれば援助を期待できる安定性が揺らぐ

[4] 岩崎（2018: 46-7）も、「…身分で階層化された社会への転換」後の社会（古代ギリシャのスパルタやアテネ）では「関係にもとづく援助」だけでは有効でなくなった結果、「福祉」（関係のない他者を助ける仕組み）は統治者によって担われたのだが、それは「統治者の必要性」すなわち身分の差異の承認のためになされる行為だったと捉えている。

ことになり、援助の期待の安定性をいかにしてつくり出すかが問題になる。そこで、近代社会になると、援助の期待を安定させるものとして組織（Organisation）が登場する。三つの分化タイプの変化に応じて、「『援助』の準拠すべきシステム類型が、相互作用→全体社会→組織へと変化していくというわけである」（小松 2013: 136）。

## 第4節　機能分化社会における社会的援助
### ――組織による援助――

　古代社会、高度文化社会につづく第三段階に位置する近代社会、すなわち機能的に分化した社会についてみてみよう。「近代社会は、人びとの住んでいる世界全体をひとつの巨大な社会システムにますますまとめ上げている。近代社会は、とりわけ政治、経済、科学研究ならびに家族的な親密圏などの高度の機能分化に構造的に依拠している。……近代社会は、諸体験や諸行為のもはや歴史的に見通しがたく、もはや中心的にコントロール不能な多様な可能性を展開しており、さらにあらゆる歴史的に知られた変化の度合いを超えた社会変動を促進する自己駆動力を展開している」（Luhmann 1975: 136）。こうした社会においては、人びとは、もはや確固とした「所属」をもつのではなく、そのつどさまざまなそれぞれの機能システムへかかわっている。近代社会は、機能分化によってそれ以前の社会よりもかなり高い複合性を獲得しており、それゆえ社会の人びとの互いの関係が見通しがたくなったためコミュニケーションが首尾よくおこなわれる不確かさも同時に高まっている。

### ○組織の登場

　こうした変化にともない、援助の期待可能性も変化している。つまり「誰が」援助する者で、「誰が」援助される者なのかという選択可能性はコンティンジェント（不

確実）になっているのである。近代の機能的に分化した社会においては、居合わせた人同士で偶然に始まる援助が、社会的規模でしつらえられうると考えることはもはやできないし、また宗教的な支配的な価値ももはや存在しない。近代社会になると、援助が生じる見込みが変化を余儀なくされるなかで、援助を目的とする組織が登場した。「組織の創設は、見込みの少ないことがらを期待可能にすることができる」（Luhmann 1975: 141）。ルーマンのこの指摘は、Soziale Arbeitの各分野の研究者も注目する。例えば、主に宗教の包摂をテーマとするレーマンは「したがって、われわれは援助者と援助の必要な者は互いに相手を見出すことができることをそれ［前近代社会］以外の形式で保証できなければならない。この形式が組織である」（Lehmann 1996: 43-4）と捉え、また障害者支援と組織研究に取り組むヴェッツェルは「したがって、社会は、いわばその社会の進化それ自体の経過のなかで生み出された複合性を取り扱うために、つまり人間を取り扱う新しい形式を整えるために、組織を『用いる』必要がある」（Wetzel 2004: 137-8）と指摘する。また第2章第3節で述べたとおり、マースも機能分化社会におけるSoziale Arbeit研究にとって不可欠なものとして組織を位置づけている。

　それでは、組織は、どのようにして援助をおこなう基盤たる期待可能性をしつらえているのだろうか。組織は、ルーマンによれば、ある決定とその他の決定を次々に生み出していく決定の連関を特徴とする自己準拠的なシステムとして捉えられている⑤。「決定のコミュニケーションがおこなわれて、このオペレーションを基盤として、そのシステムがオペレーション的に閉鎖するようになる場合に、組織が成立し、再生産される」（Luhmann 2000a: 63）。いわば組織は決定連関なのであり、「組織は人びとから成り立つのではなく諸決定から成り立つ」（Lehmann 1996: 44）。

## ○組織の成員性

　組織にとって重要な決定のひとつは、成員性の決定、すなわち誰を組織の成員

⑤ この点については、佐藤俊樹（2023a）のとくに第3章がおもしろい。

として包摂し、その他の大多数を排除するかという決定である。「成員性は、組織的コミュニケーションへの参加をきわめて鮮明に決定しているところの包摂様式を言い表している」（Wetzel 2004: 130）。組織は、この成員以外の者の大多数（の部外者）を基本的に排除している。「機能システムは包摂を、つまりは誰もが接近しうることを、通常的な事態として扱う。組織にとってはその反対が成り立つ。組織は、高度の選択性によって選抜されたメンバーを例外として、万人を排除するのである」（Luhmann 1997: 844＝2009：1139）。そのようにして、現代社会が組織による排除を用いるのは、そのほうが機能システムにとって合理的だからである。「支払い能力のある者だけが信用されて、金を借りることができる。他方において、企業にとっては、低賃金諸国の［労働者のほうが有利なので］そうした低賃金諸国の労働を求めて、そこに企業が移動する」（Luhmann 1995b: 19）。現代社会における機能システムは全包摂を公準としているにもかかわらず、実際には人びとの「差異」（不平等といってよいだろう）を利用することがむしろ合理的なのである。この意味で「組織は、近代社会なしにはほとんど考えられないものである」（Wetzel 2004: 142）といえよう。いずれにしても、この成員決定をとおして、組織は、「成員の振る舞いを予期し、それをしかるべき期待に水路づけること、つまりコミュニケーションを整合化すること」（Wetzel 2004: 129-30）がうまくおこなわれ、人びとが同じ場に居合わせなければならない相互作用に依拠する必要はなくなる。このようにして組織はコミュニケーションが生起する見込みをますます高めているのである。

## ○組織のプログラム

　このように近代社会への移行は、組織を必要とし、組織によって援助の期待可能性を新たにしつらえる必要が生じたということである。このことは、翻ってみれば、前近代社会においては、援助の問題が全体社会的な調整の問題として位置づ

けられていたのに対して、近代社会においてはそうした全体社会的な調整はなく
なっているということである（Luhmann 1975: 144）。すなわち、援助は、前近代
社会においてはすべての人びとがかかわる問題であった。詳しくいえば、古代社会
においては、援助をする側は援助をすることによっていずれ返礼を受けることが期
待できたし、また高度文化社会においては援助をする側（上層の者）は援助をする
ことによって地位の承認や宗教的な安心感を得られたのであり、その点で援助が
生起する十分な動機づけがあった。それに対して、近代社会においては機能分化ゆ
えにすべての人びとが直接的にかかわる必要がない問題となったのである。機能
分化社会においては、人びとの社会的な位置づけはコンティンジェントになり、援
助組織によって「ケース」として特別に「発見」されなければ援助されえないのであ
る。したがって、機能分化社会においては、援助の正当性をめぐる問いが繰り返さ
れる[6]。またこのようにプログラムにもとづいた援助によって、いくら窮乏に苦しん
でいようとも、組織のプログラムに見合わなければその人はほとんど援助されえな
くなっているという逆機能的な帰結もみられることは、書き留められねばならない
だろう。「まさしく、組織化された援助の有効性と信頼性は、固有の逆機能的結果
を有している。社会的な援助のプログラム化によって、プログラム化されない援助
は、背景に押しやられる」（Luhmann 1975: 144）。このように援助の対象者の
選択可能性がプログラムにもとづいて標準化されたことの裏では、「意図されざる
結果」や望ましくない結果が生じている面がある。

　とりわけ援助組織は、援助プログラムにもとづいて「援助する者」と「援助され
る者」との援助関係が速やかに築かれうるよう準備をしている。組織はプログラ
ムをしつらえることで時間的な利点を有している。そしてまた、組織はプログラム
にもとづいて「援助される者」が誰であるのかをそのつど決定していかなければ
ならないのである。つまり、前近代社会のように援助者ないし被援助者として期待
可能になる「目印」はもはやない。どのような集団や階層に属しているか、あるい

---

[6] ベッカー（2007）は社会的援助には三つの嫌疑がかけられていると指摘する。ひとつめは援助の動機に対する嫌疑（援助は被援助者より援助者に役立っているのではないか）、二つめはスティグマ化の嫌疑（援助によって要援助者の継続性をつくり出しているのではないか）、三つめは効率性の嫌疑（自助のポテンシャルを活かすより遮っているのではないか）である。

はどのような家族の出身なのかによって、援助する者であるとか援助される者であるとかが決定されなくなったということである。援助はもっぱら組織のスタッフである者と、組織のプログラムにもとづいて援助の必要なケースとしての判定を受けた者とのあいだでおこなわれる。このことをレーマンは、Soziale Arbeit組織によるケースの宣言であるとしており、その相手をケースとして組織のコミュニケーションの対象として位置づけることとしている (Lehmann 1996: 44)。いいかえれば、援助を実行する役割（ライストゥング役割 (Leistungsrollen)）を担う専門職者と、その補完的な役割、つまり援助を受ける役割（プブリキューム役割 (Publikumsrollen)）たる被援助者といった二つの役割の担い手を明確にすることによって、組織が実行するコミュニケーションにとって有意味なものとして包摂することができるようになるのである。ただし、プブリキューム役割に位置づけられる被援助者は、組織のコミュニケーションに包摂されるが、組織の成員であるわけではない (Lehmann 1996: 44)。いずれにしても、こうしたライストゥング役割とプブリキューム役割をとおして、組織は援助者と被援助者を結び合わせる構造を獲得しているのである (Lehmann 1996: 45)。さらに、組織は、組織のプログラムにもとづいて、多様な可能性に開かれている現実のなかから援助を実行していくために、決定可能な事態へと状況を縮減することができる。

## ○キャリアと援助

　この二つの役割をとおして包摂される援助者と被援助者は、その人の「全体」を意味するわけではない。レーマンが冷静に述べているように、援助を実行する組織であるとはいっても、相手の全人格を丸ごと包摂できるなどとは易々と考えることはできない。援助の組織も、現代社会における他の機能システムと同様に、自らの包摂の側面をみることにとどまる。「この機能システムは他の機能システムと同様に、丸ごとのパースンをみることができない。というのも、あらゆる観察は区別を

おこなっているからである。援助はパースンをケースに縮減している」(Lehmann 1996: 25)。

　ただし、Soziale Arbeitのシステムは、他の機能システムとは異なる観点から包摂／排除−図式を用いているのである。レーマンは、援助組織の視点として、「キャリア」をみることを提案している (Lehmann 1996: 53)。キャリアというのは、その人がどのような包摂を経て現在に至っているかを表している。いわば「包摂の歴史」である (Lehmann 1996: 48)。ただし、ルーマンが述べるように、機能分化社会への移行において必要不可欠になったキャリアは、コンティンジェントなものであることに注意しなければならない。「キャリアは、出生、家庭での社会化、階層ごとの状況が、もはや人生の通常の進路を予期可能にするのに十分な要素ではなくなることによって、社会的に不可避なものとして成立する」(Luhmann 1989: 232＝2013: 195)。このようなルーマンが提起するキャリアは、一般的に用いられる意味での「職歴」ではない。「キャリア概念は、組織という社会システムにおける職業的地位の変化だけを指し示すわけではない。学校／大学システムにおいて各教育段階の卒業が付け加わっていく。だが世間での評価のキャリアや病気のキャリアについても考えるべきだし、もちろん犯罪のキャリアについても考えるべきである」(Luhmann 1989: 233＝2013: 195-6)。このキャリアの内的な構造は、コンティンジェントなものである。「キャリアは出来事から成り立っているが、それらの出来事は、キャリアの進展にポジティヴまたはネガティヴに働き、またその種の出来事をさらに可能にすることによってはじめて、キャリアの一部になる」(Luhmann 1989: 233＝2013: 196)。つまり、ある人のキャリアは、その人が経験した出来事の総体からの、当人にとってなんらかの有意味な一連の出来事の選択なのである。その点ではバイオグラフィーとも異なる。そしてまた、未来に新たな経験をすると、その経験がポジティヴなものであれネガティヴなものであれ、当人にとって有意味であればそれに応じて過去のキャリアも事後的に「書き換えら

れる」ということである。「いずれの出来事からみても、前史は不可欠な前提となるし、それに接続しうる未来はその出来事の帰結となる。したがって、キャリア全体は徹底してコンティンジェントな構造である」（Luhmann 1989: 233-4＝2013: 196）。

　ルーマンが提起したキャリアの考え方をもとに、レーマンは、被援助者のキャリアに対してなんらかの変化をもたらすことを援助の核心とみている。援助専門職者は、被援助者のキャリアを知るために、ケース宣言をしなければならない。ただし、被援助者になること、つまり社会福祉の「対象者」となることは、やはりなんらかのスティグマを生む。そうした「負」の面を認めたうえでなお、レーマンは被援助者のケース宣言をとおしてキャリアを知ることが援助にとって重要であるとみている（Lehmann 1996: 83）。なぜなら、キャリアを知ることからしか、被援助者の「未来」がみえないからである。「われわれはキャリアをコンティンジェンシーに直面させることによって、われわれはキャリアを未来へと切り開いている」（Lehmann 1996: 84）。この「未来」が援助の指針となり、その「未来」を被援助者本人がわがものにできなければならない。そうした「未来」に援助者が気づくことが援助を駆動させるのであり、レーマンはこうしたキャリアを援助コミュニケーションのメディアとして提案している（Lehmann 1996: 37）。「クライアント〔＝被援助者〕の未来は、クライアントにふたたび処理可能になるべきである。つまり、クライアントは期待を待ち受けるだけでなく、自らで期待を手に入れることを学ばなければならない」（Lehmann 1996: 83）。

## ○援助者の「人間性」

　このようにして援助がめざすところは、被援助者が再び「伝達者」としての、「送り手」としての社会的アドレスを獲得することである。「そうした人が、自らの行動を観察者の期待に沿うようにできることが援助の目的である。というのも、そうす

ることによって、彼はふたたび、自分にとっても、また他者にとっても、パースンになるだろうからである。そのさい、その人は、自らの身体をやはりふたたび表現手段［他者から伝達として理解されうる行動］として用いることができるだろうし、それとは逆にその人は、身体の生け贄ではなくなるだろう」（Lehmann 1996: 91。傍点は引用者）。レーマンはここで、援助の専門職者が「援助者」という役割の側面だけで被援助者とのコミュニケーションを進めようとしても、援助が成り立たないどころか、援助が始まらないことを訴えていると思われる。いわば専門職者の「人間性」、いいかえれば人格性が「物をいう」ことを表している。

　　専門職者は、専門職者が役割によっておこなうであろう提案に対する被援助者の受容を達成するために、専門職者のパースンに対する受容を達成しなければならない。つまり、専門職者ははじめから厳密に被援助者と距離をとることができない。そうであるにもかかわらず、専門職者は、援助を可能にするためには自らのパースンの受容を達成しなければならない。専門職者はパースンとして表現されているのであり、この表現は専門職者の機能を指針としている。専門職者は、自分の役割の中に埋没するよりは、パースンとして表現されている。（Lehmann 1996: 80。傍点は原著者）

　レーマンは、専門職者が自らの「個人性」、あるいは「人間性」ともいうべき部分を被援助者に拒絶されるようであっては、そもそもの援助者としての機能を果たしうる拠り所がないことをはっきり述べている（この点は第4章第3節でとりあげる浦河べてるの家の向谷地（2009）にも通じていると思われる）。ただし、そうしたことがただたんにセンチメンタルに「被援助者に寄り添う」ことではけっしてないとレーマンは自覚している。むしろ専門職者が、自らが属する組織のプログラムに則りつ

つ、同時に自らの個人性ないし人間性にも依拠する援助者の姿勢をみてとっている。それは、目の前の被援助者にかかわるただなかでの援助者の揺れる立ち位置であるといってよいだろう。「［組織の］プログラムは、援助者が同情によるクライアントの苦悩の直接的な明証（Evidenz）に屈することを妨げている。援助者が連帯感から公園のベンチで寝たり、あるいはスーパーマーケットの前でぼんやり立ったり、物乞いに行った場合、誰を援助することになるのか。援助者の状況は組織の決定によって成立しているのだろうからして、援助者の連帯感とはいってもそれは冷笑的なものだろう。援助者は公園のベンチで寝る必要はない。われわれは、役割とパースンの差異や、プログラムと知覚の差異を無視するわけにはいかない。われわれは、連帯感と専門性のあいだ、非対称性と共生のあいだを振動するだろう」（Lehmann 1996: 77-8）。

　以上述べてきたように、現代社会における援助は、組織ならびに専門職者によってケースと判定された者に対する援助である。

## ○人格的存在を支える「人格保障」

　社会福祉の援助は、被援助者の「個別性」を尊重するという高い要求を自らに課している。第2章までに述べたSoziale Arbeitの社会的機能に関する議論だけでは、こうした社会福祉の援助が重きをおく「個別性」ないし人格性をしっかりと論じることはできないだろう。社会福祉基礎構造改革に始まり、近年の地域包括ケアや地域共生社会の実現をめざす今日の流れにおいても、「その人らしさ」や「住み慣れた場所」での暮らしを可能にする地域福祉・地域包括ケアなどが理念として語られていることは、支援を受ける人が、むしろ支援を受けることをとおして自らの人格性を開花できるような支援が望まれていることを示しているといってよいのではないか。このことは現代における支援がたんに機能性の次元に関する政策的な支援だけでは、もはや不十分とますます感じられていることを示唆していると思われ

る。支援を受けた個々人が、いわゆる「人間としての尊厳」の配慮を感じられるような支援、（社会生活の機能的回復だけでなく）自らが人格的存在であることを支えてくれるような支援、そうした人格としてお互いがかかわり合う継続的な関係への支援が求められているのではないだろうか。

　その最たる例が第1章第4節で言及した奥田知志が実践にもとづき提唱する「伴走型支援」であると考えられる（奥田 2021など。また稲月2022）。奥田は、食事や住居や職などの「物」（何が）の支援ももちろん重要であるが、その人につながりつづける「人」（誰が）がますます必要になっていることを強調する（奥田 2021: 8-9）。

　本書の文脈をとおして解釈すると、奥田の訴えのひとつは、継続的に人格的関係を結ぶ「人」がいない状態で「物」の支援だけがなされても、支援を受けた人の生活（とくに人格としての存在の次元）が安定せず「再排除」とでも呼ぶべき結果を招く可能性が高いことである。そしてもうひとつは、人が人格的存在でいられるのは、その人の人格性を支えようと継続してその相手自身も人格的な存在としてかかわってきてくれる人との関係の不可欠性である。いいかえれば、人の人格性は、「私」の人格としての生の基盤をともに支えるような共一人格的な存在によって可能であるということだろう。

　こうした関係的存在としての人間の生を捉えるために参考になるのは、精神病理学者および臨床哲学者として著名な木村敏（1931－2021）であろう。

　　精神医学の場合、患者を向こう側に置いてその病状や行動をこちら側から観察し、その妄想や幻聴や思考障害をこちら側から分析したり説明したり了解したりするのでは、恐らく精神病の本質的な問題点は何ひとつ捉えられないことになるだろう。（中略）患者は生きているから、生きなければならないから、病気になるのである。患者は自分の人生を生き、自分の生命を生きている。（中略）彼が他人との関係で苦しみ、自分自身との関係で悩み、

周囲の世界との関係で途方に暮れるのも、彼なりに無理を承知で懸命に生きようとしている生きかたなのだ。このような患者の生きかたに密着して、その病気の生命的な意味を、生きかたの一形態としての病気の意味を捉えようとするならば、観察者の側でも自らの行為（中略）によって、その行為自身に内在する感覚（中略）でもって、患者との関係そのものを自らのこととして生きなくてはならない。　　　　　　（木村 1992: 21。傍点は引用者）

　こうした支援のありようは、他者との関係において人格的な存在として自らを感じることの保障を志向する「人格保障」としての包摂と表現しても、あながち間違いではないだろう。
　つづく第Ⅱ部では、ルーマンのコミュニケーション論の視角から介入（Intervention）、「包摂システム」をキーワードとして、被支援者の「個別性」や人格性を絶えず実現しようとする「人格保障」としての包摂は可能かどうか、可能だとしたらそれはどのようにしてかを述べていきたい。

# 第4章

## 社会学的システム理論に もとづく介入論と 「包摂システム」

第II部では、包摂要請と現実の排除という機能分化を遂げた現代社会が直面するアンビヴァレンツを踏まえたうえで、いかにして再包摂が可能であるか、再包摂を可能にするような専門職者の介入はいかにして可能かに関する、社会学的システム理論のロジックを明らかにしていく。ルーマンのコミュニケーション理論に内在する介入論の可能性の考察に先鞭をつけたフックスの議論を主な手がかりとする。機能分化社会は、専門職者によるはたらきに高度に依存しているがゆえに、専門職者による包摂の論理がいかなるものかが明らかにされなければならない。さらに、第1章で指摘したように、累積的排除ないし「再排除」の遮断を現代の最重要課題のひとつとすれば、「関係性」の次元での包摂がいかにして可能かが問われる。

　本章では、とくに重度の認知症高齢者や精神障害者を最高度の有意味性をもつ者 (Höchstrelevanz) として、その人のしぐさや身体の挙動を「伝達」行動として最大限に解釈する「包摂システム」というフックスの問題提起は、本書の「関係性」の次元の包摂、さらには「人格保障」と軌を一にしており、さらにこの視点は糸賀一雄の「横（軸）への発達」や「当事者研究」といった日本の社会福祉につながる視点であることを、もう一度述べておくことにしたい。

# 第1節　コミュニケーションにおける伝達の問題

## ○ルーマンのコミュニケーション概念

　ルーマンに代表される社会学的システム理論にもとづいた介入 (Intervention) 論は、フックス (1999) が端緒である。フックス以前には、ヘルムート・ヴィルケ (Helmut Wilke) が介入を論じたのだが、その捉え方には（後述するように）「因果論的介入」という発想の残滓がみられるという問題点があったため（例えば、Fuchs 1999: 54）、今日では介入について論じられるさい、フックスに依拠することがほぼ通例といってよいほどである。

では、介入とはどのような事態だろうか。素朴に考えれば、相手がすべきでないことをしているならばそれをやめさせることであり、また相手がすべきことをしていないならばそれをするように促すことといえる。専門職者でいえば、自らの専門性にもとづいてクライアントにすべきことやすべきでないことを助言し、クライアントがそのとおりに行動変容した場合、介入が成功したといってよいだろうが、そのさい両者のあいだではどのようなことが起きているのだろうか。とくに社会学的システム理論の、コミュニケーションの発想にもとづけばどのような知見が得られるのだろうか。

　ここで、ルーマンのコミュニケーションの考え方を改めて確認しておきたい。ルーマンは、「情報」の選択、「伝達」の選択、および「理解」の選択といった三極の選択の綜合 (Synthese) としてコミュニケーションを捉えている (例えばLuhmann 1984: 196＝1993: 221＝2020 (上): 193)。さらに、コミュニケーションが成立するのは受け手による「理解」が成立した時点であることを強調していることにも注目しなければならないし、繰り返しになるが、ルーマンのコミュニケーション概念においては、受け手の「理解」という契機が決定的に重要であるということを忘れてはならない (例えばLuhmann 1984: 203＝1993: 230＝2020 (上): 200)。なぜなら、そのつどのコミュニケーションにおける「情報」ならびに「伝達」がどのようなものであるのかは、受け手による「理解」がなされた時点においてしか判明しないからである。さらにいえば、送り手が選択している「情報」や「伝達」がなんであるのかは、コミュニケーションにおいてはじつは受け手の側の「理解」の時点から遡って突き止められるのであり、つまりは受け手によって「情報」ならびに「伝達」は構成されてしまわざるをえない。送り手の行為がどのようなものであるのかは、受け手の「理解」がなされた時点で遡及されることによって構成される。ルーマンは、こうしたコミュニケーション概念を提示することによって、行為の素朴な存在論を否定している。すなわち、ある行為がいかなる行為であるのかが判明するのは、コミュニケーションにおいてそうした行為として確認されるからであって、行為はそれ

自体として「ある」のではない。行為は、コミュニケーションをとおしてはじめて行為として成立する（構成される）のである。

## ○フックスの問題意識

そもそもこうした介入という問題にフックスが関心をもつにいたったのは、「理解」に問題を孕んでいる人とのコミュニケーションをどのように捉えればいいのかという問題に実生活で出会っていたからである。フックス自身が「介入する統一体」（例えば、先生や親）として、「介入される統一体」たる相手（例えば、学生や子ども）の欠陥がなくなるようにはたらきかける場合に、そこで起きていることがどういう事態であるのかをフックス自身が知らないという当惑に直面していた。「何年も前から私が関心を抱いた理論問題のひとつは、介入（Intervention）、ステアリング（Steurung）、コンサルティング（Beratung）といった言葉が絡みついている問題である。そうなったのは、私自身の生活史上の動機や、私が障害者、問題のある青年、最近では大学生に関する研究に長年にわたって持続的に携わっていること、さらには援助として、介入として、しっかりと計画的で好結果の見込みの高い行為として、ある観察者によって記述されうるであろうことがらを私がおこなう場合に、私が何をおこなっているのかを私はつねになお知らないということから生ずる困惑のためであった」（Fuchs 1999：7。傍点は原著者）とフックスは述べる。

したがって、ルーマン理論の基本的な発想にもとづいて考えてみると、送り手であれ受け手であれ、二つのシステム間で送り手が伝える情報がそのままモノのように受け手の「内部」に「移転」するわけではけっしてない（例えば、Luhmann 1984: 193＝1993: 218＝2020（上）: 189-90）。それゆえ、二つのシステムのあいだで、どうして介入といったことが可能なのかがただちに疑問視される。

「私が、自己観察者としては、やはり私が実際におこなっていることがらが何であるかを私がわかっているということを、私が信じているということにはまったく

疑う余地がない。しかしながら、私が私の科学的研究にさいしてもともとつねにスイッチを入れている理論、すなわち社会学的システム理論に切り替えた場合にのみ疑問が生じる」（Fuchs 1999: 7）のである。たしかに、フックスは、自らが障害者や問題のある学生などに介入ないし援助をするさい、自らがおこなっていること（例えば、説明、助言、説得など）を自らは了解している（と信じている）のだが、社会学的システム理論、とりわけそのコミュニケーションの考え方に照らすと、「疑問が生じる」のである。ここでフックスが述べている「社会学的システム理論に切り替えた場合」ということには説明を要する。切り替え前は、素朴な行為論といってもよいし、主体／客体－図式といってもよい。そうした発想では介入がどのような事態かを適切に捉えられないとフックスは述べているのである。

　ルーマンのコミュニケーションの捉え方のもとでは、送り手が介入を意図しておこなう自らの行動はもはや「自明なもの」ではなくなり（送り手の意図を離れて受け手の「理解」に左右されるので）、受け手の「理解」から遡及して自らの行動の意味を捉え直すことが、送り手には要求されるようになる。こうしたことは、認知症高齢者や（知的）障害者などとのコミュニケーションの場合に鋭く問われるだろう。例えば、スーパーに買い物に出かけた際になんらかの理由で不穏になった認知症高齢者（Aさん）が大声で何かを怒鳴ったので、その場を取り繕うためにボランティアがAさんに作り笑顔で近づいたら、Aさんから「バカにするな」と鋭く怒鳴られたとき、ボランティアは「その場を取り繕おう」とした自らの行動や態度がじつはAさんを「認知症で変な人」と扱っていたということを、それを敏感に感じ取ったAさんから知らされるのである。すなわち、「社会学的システム理論に切り替えた場合」にフックスに生じた疑問というものは、介入を捉えるにあたって、行為の素朴な存在論からコミュニケーション論への転調を要請するものであるといえるだろう。介入という事態においては、二人の人間が直接押し合いへし合いをしていると素朴に捉えることはできない。

## ○主体／客体ー図式の拒否

　したがって、フックスは、介入を考えるさいにデカルト的な主体／客体ー図式を拒否しているのである。介入ということを考えるさいには、一方の側が能動的に介入する者として、かつ他方の側が受動的に介入される者として捉えることはできない。オペレーション的に閉鎖しているがゆえに、介入される側も、自らの枠組みにそっていわば自律的に、能動的に送り手の情報と伝達行動を「理解」している。送り手は受け手の「理解」を直接的ー因果的にコントロールすることはできない。「諸自己産出（autopoietic）システムは、システムとシステムのあいだに介入できないし、干渉できないし、侵害できない。自己産出システムは、この理論が前提とするところによると反デカルト的である。介入はとりあげる価値がある場合には、どんな場合にも主体／客体ー関係ではない」（Fuchs 1999: 22-3。傍点は原著者）。したがって、ある情報を伝達することが受け手にとって刺激になることが要件である。介入する側が（自分からみて）どれだけ「良い」情報をどれだけ「うまく」伝達してみても（伝達したつもりでも）、受け手にとって刺激となるか否かが決定的に重要である。介入する側は、受け手が刺激を受けるように、情報および伝達行為を選択し介入することがさしあたりの目標となる。

　そしてフックスは、次のように自らの介入についての視点を述べる。「われわれが、閉鎖したシステムから出発する傾向がある限りにおいて、介入は三つのシステム、つまり三つのシステム／環境ー差異を生み出す。つまり、（1）介入能力があると想定されるシステム［例えば、専門職者］、（2）介入される必要があるシステム［例えば、患者やクライアント］、（3）この二つのシステムが相互作用するさいに成立するシステム、の三つのシステムを含んでいる」（Fuchs 1999: 93）。この（3）第三のシステムは、介入のさいに創発した（1）介入する側にも、（2）介入される側にも還元できないシステム、すなわちコミュニケーション・システムである。「この第三のシステムは、ある種の二者コンステレーションの枠組み［主体／客体］で進められ

ているデカルト的観察を失効させていることは明白である。さらに明らかなのは、二つのシステムの中間がありえないということ（中略）があてはまる場合に、第三のシステムが想定されなければならないということである」（Fuchs 1999: 93-4）。フックスが展開している非デカルト的な介入の考え方のもとでは、二つの関係しているシステムのどちらにも還元できない創発されたコミュニケーション・システムがみられる。これを「介入システム」（Interventionssystem）という。

　こうした「第三のシステム」という発想は、介入するシステム（intervenierende System）と介入されるシステム（intervenierte System）といった双方のシステムが、第三のシステムの「部分」ではなく、「環境」（Umwelt）であるということを教えてくれる。「システムとシステムが互いに接触し、そのさいコミュニケーションを利用しているとすると、このシステムとシステムは第三のシステムの環境につねになるということをわれわれは突き止めることができる」（Fuchs 1999: 94）。コミュニケーションにかかわるさい、人間はコミュニケーション・システムの「部分」ではなく、「環境」なのである。コミュニケーション・システムの出来事は、関与する双方の心理システムとは別のリアリティ水準で進行している。したがって、介入するシステムによる意図的な介入が、介入されるシステムの変化を直接的－因果的に引き起こすと考えるわけにはいかない。フックスが先の引用文で「私が何をおこなっているかを私はつねになお知らない」と当惑を述べたのは、こうしたロジックのつじつまの合わなさに由来するといえるだろう。

　しかも、例えば重度の認知症高齢者や知的・精神障害者といった「理解」に困難を抱える（とみられる）人とのかかわりにおいて、送り手（専門職者や家族）はなにをすることができるのだろうか。認知症高齢者や障害を抱える人とのコミュニケーションにおいて、送り手は介入ないし援助ができるといえるのだろうか。送り手からすれば、受け手に「○○をしてほしい」とか「□□をやめてほしい」と介入を企てても、送り手が意図したように受け手が「理解」する保証はまったくない。受け手がど

のように「理解」するかは送り手からすれば不確実である。

　したがって、支援を目的としてかかわろうとする支援者からすると、コミュニケーションが受け手の「理解」に決定的に依存しているにもかかわらず、いや依存しているからこそ、送り手の側では「伝達」の仕方に工夫が求められることになる。支援者は自らの「伝達」を工夫すること（受け手が納得して行動変容するためにはどのように伝えたらよいのか）が絶えず求められることになる。こうした送り手の側での「伝達」の創意工夫という点に、介入の問題が孕まれている。

## ○行為論からコミュニケーション論へ

　つまり、介入を考えるうえでは、素朴な行為論から脱却して、コミュニケーション論的な発想をとることが求められる。したがって、フックスは、介入を考えるさいにデカルト的な主体／客体—図式を拒否する。介入を考えるさいには、一方の側が能動的に介入する者として、かつ他方の側が受動的に介入される者として捉えることはできない。「介入はとりあげる価値がある場合には、どんな場合にも主体／客体－関係ではない」（Fuchs 1999: 22-3）。

　介入は、介入する側のはたらきかけが介入される側の変化を意図どおりに、直接的に引き起こすというような単純な主体／客体—図式では考えられない（Fuchs 1999: 22-3）。情報の内容とその伝達の仕方が、それを理解する受け手にとって「なるほど！」と思われる刺激の材料となり、介入される側が自らの考えや行動を自らで変えるようになる必要がある。介入は、コミュニケーション論に則って述べると、送り手（介入する側）が選んだ情報と伝達をどう受け取るかは受け手（介入される側）の解釈枠組み次第であり、受け手の解釈に頼らざるをえない。そうであるにもかかわらず、介入する側でのこの情報の選択と伝達の選択は、介入される側が自らで自らの行動を変えるきっかけ、つまり自己介入（Selbstintervention）を誘発するという性格を帯びている。介入する側の情報や伝達が受け手の側にとって必要

不可欠な刺激の材料としてみなされ、自己介入につながるかどうかということが介入する側にとっての問題となる。「どんな介入活動であれ、その成否は、介入されるシステムの被刺激性のいかんにかかっている」（Wetzel 2004: 282）のである。

この被刺激性（Irritabilität）というのは、ある出来事や経験からなんらかの情報をそのシステムが自ら構成することができる複合性があることを言い表している。例えば、同じ天気図をみた場合に、気象予報士であれば地域ごとの降水確率を算出したり、遠方の雲の動きから台風の発生を予測したりすることができるなど、さまざまな情報を「読み取る」（つまり情報を構成する）ことができるが、一般の人びとには同じ天気図からあまり多くの情報を読み取ることはできない。「馬の耳に念仏」や「猫に小判」ということわざに表されているように、同じニュースや出来事に接してもシステムごとにそこから得られる情報が異なるのは、それぞれのシステムの被刺激性が異なるからである。つまり、支援を企てる者の介入は他者介入であり、他者介入（介入する側が企てる介入）にとって決定的に重要なのは受け手の自己介入（介入される側の自己変容）にすべてが委ねられている点である。そのうえで、そうであるにもかかわらず自己介入をうまく誘発するために有効な他者介入がいかにして可能かが、介入する側に問われることになる。

## 第2節　自己介入の誘発のための「第三のシステム」の立ち上げ

### ○被刺激性

「第三のシステム」である介入システム（Interventionssystem）をヴェッツェルは、「問題解決システム」と言い表す（とくにWetzel 2004: 280）。こうした問題解決システムの形成とともに、介入するシステム（とくに専門職者）も介入されるシステム（患者やクライアント）もパースンとして形成される。そのさい、介入するシステムも介入されるシステムもオペレーション的に閉鎖しているから、あらゆる介入の

企ては、介入されるシステムにとっては「外部的なもの」（そのシステムの「環境」で起きていること）に他ならない。したがって、介入（厳密にいえば他者介入）は直接的－因果的な介入としてはまったく不可能であって、介入されるシステムの側での、被刺激性が元となる自己介入ないし自己変動をいかにして誘発するかという問題として捉え直されるのである。被刺激性は「自己刺激性」（Fuchs 1999: 125）ともいいかえられる。あらゆる外部的介入 [＝他者介入] は、介入されるシステムのなかへ「自己刺激性（Eigenirritation）」にあたる情報として送り込まれることに依拠してはじめて可能になる（Wetzel 2004: 277）。つまり「どんな介入活動であれ、その成否は、介入されるシステムの被刺激性のいかんにかかっている」（Wetzel 200: 282）のである。

そうしてみると、介入は、介入されるシステム固有の出来事、つまり自己介入としてしか考えられない。したがって、介入される側の感受性——すなわち被刺激性——に着目する必要があり、例えば介入される側がどのような話題に対して落ち着いたり冷静さを失うのか、課題を抱えていそうか、それとも決定的に生活のための知識が足りていないのかなどを見極める必要がある。例えば、患者やクライアントが、生活費や保険料額といった経済的なことがらに大きな関心を寄せているのか、家族との関係の話題になると敏感になるのか、あるいはできるだけ自分のことを尋ねられないように防衛的に口数が多くなっているのかなどを手がかりとして、介入する側は、介入される側の問題の所在を見極める努力をしなければならない。そのさい、介入される側が刺激を受けやすく反応しやすい領域こそが、介入される側の自己介入ないし自己変動を促す手がかりとなる（Wetzel 2004: 282）。

ところが、受け手の側での反応の基準を、受け手自身もよくわかっていないということが多いだろう（Wetzel 2004: 277）。そうだとすれば、送り手側は、そうした受け手の反応の基準をさまざまなものを手がかりとして推測し、探り出し、場合によってはそうした基準が受け手の今後にとってより良い基準に変わるようにはた

らきかけることも含めて介入を企てる必要がある。こうしたことは援助の専門職者の日常的な課題といえる。送り手による（他者）介入は、受け手の自己介入を惹起するかもしれず、相手がそれまで自分でできなかったことを新たにできるように変容するきっかけになるかもしれない。その意味で、介入は援助となりうる。送り手が発する情報や伝達は介入的性格を孕んでいるのだが、その介入的性格を孕んでいるということは、受け手の側で新たな行動選択肢を作り出す可能性を有している[1]。

## ○「第三の介入システム」の創発

　介入するシステムも介入されるシステムも互いに直接的に外部から刺激や情報を与えることはできず、いずれのシステムも自らの内部で自らにとっての刺激や情報を産出している。したがって、介入されるシステムが自らの内部で自らの構造を変動させるような刺激や情報を作り出しやすくなる（自己介入しやすくなる）ようにすることが、介入する側にとっての問題となる。一般的に介入といわれるものは、厳密にいえば、他者介入にとどまらざるをえないのであるが、そうした他者介入の存在理由は、介入される側が自らの考え方や行動を変えることを誘発する点にある。介入は、送り手がいくら「良い」情報を「適切な仕方で」伝達したとしても、究極的には、介入される側が自らの考え方や行動を変えるように自らで自らに介入する、つまり「自己介入」を誘発することを課題とする。すなわち、介入の成否は、介入する側にではなく、介入される側（受け手）の「理解」にかかっているといってよい。このことを絶対的な条件としたうえで、しかし介入される側の自己介入を誘発するような「情報」や「伝達」の選択を、介入する側があれこれ工夫することが、介入にあたっての重要なテーマとなる。ルーマンのコミュニケーション論を土台とする介入論は、このような理路をたどることになる[2]。

[1] 『情熱としての愛』（2005）の「訳者解説②」において、ルーマンの愛の関係の分析に関連づけて佐藤勉が述べているように、ケアは、第一には相手の要望を満たすことであり、第二にそうした要望を満たすことをとおして相手の人間的成長につながるというケアの二つの条件を前提とするならば、介入は相手の複合性を豊かにするという点でケアに通じているということができるし、援助を必要とする人の独自性ないし自律性を前提として相手の複合性を高めることが、対人援助専門職者による介入の眼目と捉えることができるだろう。

[2] さらに、佐藤が述べるように、コミュニケーションにおける「情報」の介入的特性も見逃してはならない。「いままで知らなかった情報を知れば、それまでの自分ではありえないという性質を情報は孕んでおり、その情報に接すると、いままでの自分のあり方や行動の仕方をある方向に変化させる必要が生じる。したがって、コミュニケーションの介入的性格の原点は、情報のこうした基本的な特質にあるとみたい」（佐藤 2008：8-9）。

そうすると次に問われるべきは、介入されるシステムが自己介入を誘発しやすい環境をいかに構築するかであろう。その環境の構築にあたる事態が「第三のシステム」である「介入システム」の創発ないし立ち上げであると思われる[3]。先に述べたとおり、「介入システム」はコミュニケーション・システムの水準にあるシステムであるから、介入するシステムも介入されるシステムも、「介入システム」の一部分として「所属」しているわけではない。介入するシステムも介入されるシステムも「介入システム」の「環境」に位置するので、介入システムとは異なる別個のシステムである。

　この「介入システム」が立ち上がるということは、介入するシステムと介入されるシステムにとってどのような変化が生じることなのだろうか。先に確認したとおり、フックスが「介入システム」というコミュニケーション・システムの考え方を導入したのは、介入する側と介入される側の二者関係、つまり主体／客体一図式にもとづく行為論的な介入の考え方を拒否するためであった。例えば、介入する側と介入される側が同じ場所にいて話しかけたり、記録のメモを取ったとしても、それだけをもって介入が始まるとはいえないことを示すためである。介入が始まるといえるのは、「介入システム」というコミュニケーション水準の出来事が生じるときである。介入する側が、いくら安心させるような言葉がけをしたり、質問をしたりしても、介入される側がそうしたはたらきかけを「情報」や「伝達」として「理解」できないままだとすれば、「介入システム」が創発しているとはいえない。「これに対して、われわれが立てるテーゼによると、介入システムの場合には、ダイアド［二者関係］的なコミュニケーションは見出されえず、それ自体のオペレーションを駆使して、その接続をたしかならしめる第三のシステムが成立しており、その結果としてこの第三のシステムのすべての営み（Operation）は、その存在理由を有しており、ノーマルな状態をノーマルでない状態に移行させており、詳しくいえば、あらゆる外部的な観察者（治療家／クライアント、コンサルタント／企業家）はこの移行から生ずる諸問題に直面している」（Fuchs 1999: 103）。

[3] フックス（1999）は、自身にとって自明だからなのか、こういう問い（の進め方）を明示していないように思われるが、筆者（フックス読者）としては、こういう問いをところどころでフックスに成り代わったつもりで挟んでいかなければ、読み進めがたい。筆者のこうした読みが誤解だと後年に判明するかもしれないが、後述するように、その後の2011年にフックスが提起した「包摂システム」へつながっている点を考え合わせると、誤っていないように思われる。

コミュニケーションが成り立つのは受け手が「理解」した時点であるから、例えば介入する側（支援者）が小さくうなずいたぐらいのささいな事柄であっても、もし介入される側（被支援者）にとって「この支援者は本当に自分の話を聞こうとしてくれている」と感じること（「理解」）ができたり、「この支援者は途中で自分を厄介払いせずに本当に助けようとしてくれている」と安心すること（「理解」）ができたとき、そこに「介入システム」が立ち上がっているといえるだろう。とはいえ、支援がうまくいきそう（ハッピー）なものだけが「介入システム」と呼ばれるわけではない。例えば「支援困難ケース」の場合に、コミュニケーションを重ねるほど相互に不信感を抱いてしまう「介入システム」もありうるだろう。

　いずれにしても、「介入システム」が立ち上がるということは、すでに自らの存在が相手にとって「送り手」であると同時に「受け手」でもあるような、コミュニケーションの当事者として、相手の存在を感じ合うような関係として現象するといってよいと思われる。したがって、介入を企てる者（支援者）にとって何よりも重要な課題は、いかに被支援者とのあいだで、「介入システム」を立ち上げられるか、そのためのあらゆる努力だといえる。

　例えば、経験の浅い支援者が、被支援者の話を一生懸命に聞いているつもりなのだが、被支援者の側では真剣に聞いてもらっている感じがまったく伝わってこない場合、支援者は「情報」を聞いているばかりで「伝達」（伝達の意図や思い）に触れられていないことが少なくない。例えば、認知症高齢者の介助経験が浅かったり口先で話しかけてしまうボランティア（かつての筆者）が、いくら形式的に丁寧に挨拶をしたり、沈黙を埋めるためだけに質問をしても、認知症高齢者からまったく別の話題を返されるか、そもそも聞こえていないかのように無視をされてしまうのが関の山である。その他、重症心身障害児・者の介助を目的としてかかわるさい、言葉のみならず表情の動きや身体の動きから相手の「情報」と「伝達」が読み取れない場合も、「介入システム」が立ち上がっているとはいい難い。しかしながら、そ

うした至らなさの気づきや互いの関係が次第に深まってくると、以前は聞いたつもりになっていた自分に気づいたり、相手の「心」をなんとか読み取ろうとしてもうまくいかなかったのに、次第に被支援者のこと（表情も意図や思いなども）が「みえてくる」ようになってくる④。その支援者は、当初の存在の仕方は、被支援者を前にして「ある」ありようだったといえるのに対して、次第に「いる」ありようへと変容し、「ともにいる」ありようになってきたといえるだろう。

　「介入システム」がどのように、いつ立ち上がるかはそのつどの個別具体的な問題であって、一概に述べることはできないが、そうした点を最も鮮やかに描き出す事例のひとつは「臨床的態度」（あるいは「態度としての臨床」）にもとづく援助関係を支える対人関係の営みを明らかにする佐藤俊一（2001、2004）、米村（2006）が挙げられるだろう。当初は、クライアント（被支援者）の側ではソーシャルワーカー（支援者）とのコミュニケーションを、たんに情報のやりとりのように捉え、ワーカーからのはたらきかけに対してもポツリポツリと独り言（モノローグ）のようだった発話が、ワーカーからの熱心なはたらきかけをとおしてワーカーの「存在」に触れるようになると、対話（ダイアローグ）的なやりとりへと少しずつ変容していく。

## ○介入は直接的―因果的なものとは考えられない

　以上確認してきたように、介入は、相手がすべきことをするようになることや、すべきでないことをやめるようになることをめざす。しかしながら、コミュニケーションにおいて受け手は受け手なりに「理解」するのだから、どんなに経験豊かで巧みな送り手であろうとも、送り手が意図したとおりの変化が受け手の側で生じると考えるわけにはいかない。フックスが述べているように、介入は、直接的―因果的なものとしては考えられない。そうすると、送り手の介入の企てに接した受け手の側で、受け手なりに「○○したほうがよい」とか「□□すべきではない」と納得して、受け手が自分自身に自己介入をするかどうかが問題となる。

④ 対人関係における「みえる」については、とくに佐藤俊一（2001、2004）。

つまり、送り手による伝達行動や情報の工夫に接した受け手が、自身がこれから していくべきことを始め、すべきではないことをやめるように自己介入をスタートさ せてはじめて、援助者による介入は「成功」したといえる。いいかえれば、援助者に よる介入は、他者介入にとどまらざるをえない宿命を帯びているのだが、そうした 他者介入が受け手の側での自己介入を誘発したときにはじめて、介入として機能し 始めるといえるのである。視点を変えていえば、いかにして受け手の自己介入を惹 起させられるかが、介入する側にとっての課題であるといってよい。

　その前提として、フックスが提起したのは、コミュニケーション・システムの水準で 生起する「第三の介入システム」をいかに立ち上げられるかという最も重要な課題で あろう。すでに自らの存在が相手にとって「送り手」であると同時に「受け手」でもあ ると感じられていることを双方が感じとっているような、このコミュニケーション（い わば、Da-Kommunikation）の当事者として、相手の存在を感じ合うような関係とし て現象すると考えられる、「第三の介入システム」が生起したところから、介入は始ま るといってよいだろう。「感じ合う」と表現したように、いわば当事者双方の（言語的コ ミュニケーションに限らず）身体的な感受性までをも含むコミュニケーションがテーマ となっている。「介入システム」が深まっていくほど、相手の一挙手一投足が自らにとっ て重要な出来事になると考えられる。本章第4節で後述するように、これはその後の 2011年にフックスが「包摂システム」として提起したものに通じている。1999年の「介 入システム」を、「最高度に有意味な相手」との身体までをも含めた伝達者として捉え ようとする方向へ濃縮したものが、2011年の「包摂システム」だといえるだろう。

　そして専門職者による他者介入が、介入される側での自己介入を生み、社会的な 場面でその場に応じたパーソンとして行動できるチャンスを作りだすことが、介入の 課題である。そうした他者介入と自己介入の連鎖が「成功」した場合に、再包摂の チャンスが高まるだろう。ルーマンのコミュニケーション論に内在する介入論によれ ば、再包摂のチャンスを高めることはこのように捉えられる。

しかしながら、それだけでは終わらない。次に問われるのは、介入する相手が自己介入できる見込みが低い、あるいはまったく見込めない場合にはいかなる包摂が可能なのだろうか。例えば、一般的な社会生活が可能なほどの回復が見込めない重度の認知症高齢者とか、重度の知的・精神障害者や重症心身障害者、またいわゆる終末期の患者等に対して、いかなる介入が可能なのだろうか。そうした人びとを相手にしては、いくら介入をしてもその結果として相手になにが届いているのか、相手がなんらかの自己介入を始めているのかを判読することがきわめて難しい。そうした相手の「反応」を読み取ることが支援者には求められるが、このようにきわめてコミュニケーションが困難な場合には、いかなる包摂が可能なのだろうか。

## 第3節　受け手から始まる包摂のコミュニケーション

### ○「送り手性」が脅かされる人間

　以上のように、介入は、介入される側での自己介入を結果的に誘発することを主たる課題としている。しかしながら、自己介入がほとんど見込まれないような相手の場合、例えば手足がほとんど随意に動かずまた口も目も他者との意思疎通も困難のように思われる重症心身障害児・者や、重度の認知症のために数分前の会話を覚えたり新たに約束を取り決めることが困難に思われる認知症高齢者や、さらには終末期で意識がほとんど混濁している患者のように、自己介入がほとんど見込まれないように思われる相手とかかわる場面で、はたして介入は可能なのだろうか。いいかえれば、身体的にきわめて不自由かつ意識的にも社会生活を送ることができないほど不鮮明な状態にある介入の企てをほとんどためらわせるような相手に対する介入はいかなるものだろうか。介入が可能だとすれば、そうした介入はどのような意味を有しているのだろうか。さらに、コミュニケーション・システム理論の用語を用いて表現すれば、パースンが背後に退きほとんど肉体（ないし身体）

（Körper）としてのみそこに存在しているような人への介入は可能なのだろうか。

　補論1でも確認したように、ルーマンは、パースンが背後に退き身体が前面に出てくる「肉体が物をいう」状況を、排除領域の特徴として示す。「排除領域では人びとはもはやパースンではなく身体として捉えられるということを示す材料が、若干ある。例えばブラジルの大都会に滞在して道路や広場や海岸を行き来するとき、他の身体がどこにあるか、自分との距離がどれだけか、その数はどうかをたえず観察するということが、欠かせない社会的能力のひとつとされる。自分の身体を実感し、自分の身体において生きていると感じる程度は、他の何処で過ごす場合よりも大きい。外国人は、警戒するようにという注意を受けるが、警戒したからといって状況を適切に判断できるわけではない。危険を認識して避けるためには、本能的な知覚のようなものが役に立つのだ。逆に、外国人その他の攻撃目標が身体として捉えられることは言うまでもない。われわれならパースンとして捉えるであろうものは、すべて背後に退く」（Luhmann 1995：250＝2007: 237）。つまり、排除領域では、お互いがなんらかの意思を発信する「送り手」としての期待の元で行動するよりも、まずは物理的な肉体が物をいうわけである。「排除領域では人間はしばしばその『身体』のみが問題となり……暴力、セクシャリティが、支配的となる」（小松 2013: 133）。

　この「肉体が物をいう」考え、つまり「伝達（意図）」が切り結められるという考えを、とくに重度の認知症高齢者や、重度の心身障害児・者にあてはめてみることができるし、必要であろう。福祉施設などのようにいわゆる排除領域といわれない場所であっても、「徘徊防止」や「入浴介助」など認知症高齢者をその人の人格よりも肉体優位に（ほとんど肉体の動きにのみ意識を向けて）かかわるとき、われわれは一回一回、相手を「パースン」として、いいかえればなんらかの意思の「送り手」として期待を向けてかかわっているといえるだろうか。身体介助の場面であってもなんらかの意思の「送り手」として、そのつど毎回コミュニケーションする相手である可能性を

忘れてかかわってしまうことがあるのではないだろうか。そのさい、そのコミュニケーションにおいて、その高齢者は「送り手」としての社会的アドレスを与えられていないといっても過言ではない。また生活保護受給者は「送り手」として毎回の（例えばケースワーカーとの）コミュニケーションのなかで社会的アドレスを与えられているだろうか、また子どもは年齢に応じた意思をもつ「送り手」として周囲の人びと（とくに大人）から、社会的アドレスを与えられているだろうか。そして、表情から「快・不快」でさえ読み取れないように思われる重症心身障害児・者が生きていることそのものを発信する「送り手」として尊重されるには何が必要なのだろうか。介入、そして包摂をテーマとする場合、次にこうした問題に取り組むことが求められるだろう。

## ○改めて受け手の「理解」の重要性

　ここで改めて確認しておきたいのは、ルーマンのコミュニケーションの考え方である（補論1参照）。すなわち、コミュニケーションは受け手が決めるという考え方をもう一度確認しておきたい。ルーマンによると、コミュニケーションは、受け手が送り手からのなんらかの意味の発信を理解した場合に成立する。常識的なコミュニケーションの捉え方に反して、送り手がなんらかの情報を伝達した時点でコミュニケーションが成立するのではない。なぜなら、送り手が情報を伝達しようとしても相手に届かなければ（「理解」されなければ）、そのコミュニケーションは成立しないのであり、送り手はコミュニケーション上「送り手」にすらなれないのである。

　したがって、翻ってみれば、ある人間がなんらかの情報を伝達する意思がなかったとしても、その人物のなんらかの言動が受け手によってある一定の意味の発信であると捉えられ解釈されるならば（つまり「理解」されるならば）、その瞬間にコミュニケーションが成立するということであり、その人物は「送り手」としてコミュニケーション上に構成されているということである。例えば、片想いをしている時というのは、誰でも彼でも多かれ少なかれ意中の相手の一挙手一投足をじっくりみてし

まっている。「あなたに好意がある」ことを匂わせる発言を思い切ってした時の相手の少しの表情の変化によって「相手も自分に好意をもっているようだ」と喜んだり、「いま目を逸らしたのは拒否の表明だ」と落胆する。相手もこちらの好意に薄々気づいていることをこちらが知っており、こちらがそのことに気づいていることを相手も知っている場合――相互的な期待が成り立っている場合――には、相手にそのようなつもりがなくても、片想いする「私」は、相手の反応を「恋心の表明か拒否」（つまり発信）として受けとめてしまわざるをえない。

　このようにコミュニケーションは、受け手が「理解」すれば送り手が発信するつもりがなくても、というよりもそうした個々人の意識とは別の水準――相互的な期待の水準――で成立する。また反対にいえば、送り手が発信しているつもりでも、受け手が「理解」できなければ、そのコミュニケーションは成立しない。さらには、相手が発信していたのに気づけなかった私の「対応」が、「意図的な無視」という「発信」として今度は逆に相手に「理解」されてしまう場合も往々にしてみられる。これらのことが意味しているのは、コミュニケーションにおける「送り手」の存在は受け手が構成するということである。送り手がコミュニケーションより前に存在し受け手に情報を伝達するわけではなく、受け手が理解した瞬間に遡及的に「送り手」も構成され、かつまた受け手自身もその瞬間に同時に「受け手」として構成されるのである。

　介入のコミュニケーションにとって、以上のことはなにを意味するだろうか。とくに自らは「発信」できないとみなされがちな、「送り手」として期待されにくい重度の障害を抱える人にとって、どのような意味をもつだろうか。まず介入する側（支援者）が介入される相手（障害者）をなんらかの「情報」を「伝達」する「送り手」として「理解」することからコミュニケーションが始まり、そのことはコミュニケーションにおいて相手を「送り手」として、パーソンとしてコミュニケーションに迎え入れ、包摂するということである。ルーマン、そしてフックスのコミュニケーションの考え方は、日本の社会福祉の蓄積に通じていると思われる。そうした実例のひとつとして、糸賀一雄の取り組みをとりあげたい。

## ◯糸賀一雄による例

　糸賀一雄は、「日本の知的障害児の父」と呼ばれ、戦後すぐ、知的障害児や戦争孤児に対する保護・救済に国が取り組むよりいち早く取り組んでいた。糸賀は、滋賀県にある「近江学園」を田村一二・池田太郎に説得されて始めることになった。当初は戦争孤児ならびに知的障害児、後には多くの（重症心身）障害児との近江学園やびわこ学園でのかかわりのなかから生まれてきた言葉が、「この子らを世の光に」であった。「この子らに世の光を」ではなく、「この子らを世の光に」である。「に」と「を」というひらがな1文字が入れ替わっただけであるが、そこには意味の大転換が見出されよう。この1文字の違いは、糸賀にとっての「障害児」の意味が180度転換した経験を直接に表しているといってよい。さらには、日々障害児たちとかかわるなかで、障害児の声にならない声を、障害児の思いを、障害児の「呻き」を懸命に聞き取ろうと全身全霊を注ぎ込む糸賀のかかわりは、声を発することがままならない障害児たちを、コミュニケーションにおける「送り手」たらんと努力する姿だといえる。こうした糸賀のかかわりが、包摂のコミュニケーションであるといっても過言ではないだろう。以下、糸賀が紹介するエピソードをみたい。

　　例えばびわこ学園に運びこまれた一人の青年は、ひどい脳性麻痺で、足も動かず、ベッドに寝たきりで、知能は白痴程度であった。しかも栄養失調で骨と皮になり、死相があらわれているのではないかと思わせるほどであった。半年あまりしたある日のこと、いつものように保母がおむつをかえようとすると、彼は、息づかいをあらくしてねたまま腰を心もちあげているのであった。保母は手につたわってくる青年の必死の努力を感じて、ハッとした。これは単なる本能であろうか。人間が生きていく上になくてはならない共感の世界がここに形成されているのであった。

（糸賀 2003: 303）

おそらくこの脳性麻痺の青年が浮かそうと試みた腰は、物理的には、数センチも浮かなかったであろう。しかし、保母はその数センチを意味ある「発信」（「情報」の「伝達」）として感じる（「理解」する）ことができたのである。青年は肉体として「ある」のではなく、発信するパースンとして「いる」。保母がその浮かされようとしている腰を「理解」したときが、その青年と保母とのあいだでコミュニケーションが生起した瞬間であるといえる。前節の表現を用いれば、ここが「第三の介入システム」が創発した瞬間といえるだろう。「人はひとりでは生きていない」存在論的事実である「関係性」の次元を（改めて）自覚した瞬間でもあるだろう。その青年が浮かした腰の数センチは、おそらく素人であればまったく気づかないであろうし、もしかしたらその他の施設職員でさえ気づかなかったかもしれない。しかしながら、その保母は、青年の腰の動きを感じとり意味のある「発信」として理解することによって、その青年がコミュニケーションにおける「送り手」であることを保障・保証しているのである。そのさい保母は、いうなればコミュニケーション的存在としてその青年を迎え入れると同時に、自らも青年にとって（かつ青年によって）意味ある発信を向けられる（共同）存在として自覚しているといってよいだろう。

　ところで、そうしたごくわずかに浮かされようとしている青年の腰の動きを感じる者と感じない者とを分かつ差異はなんであろうか。おそらく、その保母は、その青年に対して「自分ではなにもできない重症心身障害児」、つまり「自己準拠能力のある、意味ある送り手として微塵の可能性もない者」という機能性の次元で捉えていたのではなく、「この青年の今日の体調は昨日と比べてどうだろうか。発熱はないか、皮膚はただれていないか、排便の臭いや色に変化はないか、この青年を不快にさせる兆しになるようなものはないか」などと「その青年」を「分かりたい」し、「ささいな発信さえけっして見逃すまい」という態度で接していたからであると考えられる。保母がそのようにかかわったからこそ、その青年が浮かせようとする腰の動き（物理的には少し震えた程度だったかもしれない）を「私に向けられ

た意味ある発信」として「理解」できたのだろう。もちろん、この保母といえども、明日もまたその青年とのあいだでそうしたコミュニケーションが生起するとは限らない。コミュニケーションは、同じ人間同士のあいだでも、そのつど生まれそのつど消えていく、そのつど一回きりの出来事 (Ereignis) であり、「不確実なもの」 (unwahrscheinlich) である。

　糸賀自身も——「日本の知的障害児の父」と呼ばれる糸賀でさえも——、より障害の重い子ども、とくに重症心身障害児が施設に入ってきたときには、世間から「特殊なもの」とみられている施設内の障害児のなかでもさらにより「特殊なもの」として重症心身障害児を「差別的」に捉えていた自分自身に幾度となく気づかされていたのであった（糸賀はそうした自らの心情を幾度も告白している。例えば、糸賀 （2003: 286） など。また垂髪 （2022: 40-2） は現代的な視点からみれば、「限定的」な捉え方と表現している）。当初は、糸賀自身でさえも、いわば「この子らに世の光を」という重症心身障害児に対する一方向的視点しかもてない自分に困惑ないし諦めかけていたのかもしれない。しかしながら、糸賀自身、重症心身障害児との体当たりのくんずほぐれつの日々から、次第に明確な自信をもって「この子らを世の光に」と述べるように変化していったのであった。それは重症心身障害児が何を感じ何を考えているのかを、糸賀が日々聞き取ろうとするかかわりかたによって、いいかえれば糸賀が障害児からみてコミュニケーションにおける「受け手」へと、かつ重症心身障害児たちを「送り手」として迎えようとする過程であり、そうした過程のなかで糸賀と重症心身障害児たちの互いの存在が認められていき、「第三のシステム」が成り立ってきた過程であったといっても見当はずれではないように思われる。糸賀と重症心身障害児とのあいだでみられたこうしたプロセスは、「（第三の）介入システム」が成立しつつある「存在の承認」としての包摂が繰り返されてきたものといってよいだろう。

## 第4節　「包摂システム」と「関係性」の次元の包摂

### ○フックスの「包摂システム」

　フックスは、こうした人と人とが直接的に対面する相互作用の水準で、相手の一挙手一投足がこちらにとってきわめて重要な意味をもち、そこから相手の心情を読み解くことに全力を挙げるような関係を、「包摂システム」(Inklusionssystem)（Fuchs 2011）と名づけた。そのさい、フックスが主眼においているのは、通常のコミュニケーションでは視野に収めがたい重度の認知症や知的・精神障害者[5]もコミュニケーションにおける「送り手」たるパースンとして包摂されることが、可能でありまた必要であるという認識である。つまり、包摂システムは、重度のアルツハイマー患者や重度の知的・精神障害者を相手にして、その相手の「全面的な包摂（Totalinklusion）」(Fuchs 2011: 244)が課題になり、それを解決しているシステムである。この包摂システムは、たとえ「通常の」主に言語によるコミュニケーションでは情報の伝達がおぼつかないと考えられる状態にある人であっても、「コミュニケーションの発信をしている」とする視点から考えられている。つまり、重度の認知症高齢者や障害者は、実際になにかを伝達したり理解しているはずであるにもかかわらず、専門職者の側ではそうした再解釈をおこなうさいの視点がしばしば「不十分」である。しかしながら、重度の認知症高齢者や障害者は、その人独自の「理解」をおこなっている。その理解を前提として相手（専門職者等）に反応しているという事実を、まずはしっかりと視野に収めることから包摂が始まる。フックスによれば、「包摂システム」は「［患者や利用者の］伝達の選択性をなんとかして観察することに世話する者が『全力を挙げている』システムとして考えられる。……世話をする者やそのグループは、あたかも［患者や利用者によって］意図された伝達——つまり生命の苦しみについてであれ、心に生じる喜びについてであれ、あるいは愛情、親切、安心への切望についてであれ、なんらかの生命力について

---

[5] 別の論文(2011a)では「意味および自己を自らで用いることができない者」(137)とか「没自己かつ没意味の人びと」(134)と表現されている。

の情報を提示しようとする意図された伝達——として［患者や利用者の］立ち振る舞い（Verhalten）を解釈的に観察する眼力を備えた高度の感受性に富む注意力（sensible Attentionalität）を育んでいる」（Fuchs 2011: 251。傍点は原著者）。すなわち、前節で取り上げたびわこ学園のおむつを取り替えるさいの保母のかかわりかたは、青年の（物理的にはほとんど動きのない）腰の動きを「伝達の選択性としてなんとか観察することに『全力を挙げている』」（Fuchs 2011: 251）ことに他ならない⑥。見方を変えれば、青年は、保母とのコミュニケーションにおいて「有意味な者（relevant）」として、それ以上に「最高度に有意味な者」として顧慮を受けているのであり、こうしたコミュニケーション・システムが「包摂システム」に他ならない。

　繰り返していえば、コミュニケーションは受け手の理解の時点において始まることは「包摂システム」の場合でもなんら変わりがない。受け手が理解する時点において、コミュニケーションが成立するということは、受け手の理解によっていかようにも情報の選択や伝達行動の選択が解釈し直されることを含意している。したがって、あらゆる場合において、受け手の理解が基軸となって、送り手の側が発信する情報やその伝達の仕方がある意味では再構成されているのである。さらにそうした送り手の伝達行動は、伝達する者がいることを前提としていることはいうまでもない。そういう意味では、送り手が伝達者というアドレスをもつものとしてどのように顧慮されるかということも、じつは受け手の理解によって構成されているとさえいってよかろう。いわば「送り手」としての社会的アドレス（送り手性）を獲得することもコミュニケーションにおける受け手の側の態度と密接に関係していることは忘れてはならない。こうした「態度」をルーマンの「浸透」にフックスは託している（Fuchs 2011a: 137）⑦。こうした社会的アドレスを獲得するこ

---

⑥　補論1でみたとおり、フックス（1997）はすでに「社会的アドレス」を論じるなかで、例えば乳児のような「発信」ができないとみなされがちな存在とのコミュニケーションは、本人ではなく、周囲のかかわりかたによって可能になると、「包摂システム」の兆しを示していた。そうしたかかわりかたを、「まるで〜のように（Als-ob）」と特徴づけ、つまり乳児の周りにいる者が乳児の何気ない発話（バブバブ…）を「まるで伝達しているかのように」受け止め、コミュニケーションを始めることができることの重要性を指摘していたとみることができる。「子どもの行動を伝達とみなすコミュニケーションは「まるで〜のように（als ob）」の意味で［子どもの］自己準拠を想定しており……コミュニケーションの可能的構造は、非意識的アドレスを取り囲む一方的な意識によって特徴づけられる」（Fuchs 1997: 47。傍点は原著者）と述べている。ここでの「非意識的アドレス」は乳児を指している。

⑦　主に言語によるコミュニケーションが困難な点で、フックスはハイデッガーの「情態性」（Befindlichkeit）を参照している。また、中動態（國分 2017）としての人のありようにもかかわっているといえる。

とは、たんにコミュニケーションの関与者としてのアドレスを獲得することではな
く、人間の存在の次元に通じているとフックスはみている。「コミュニケーションに
『参加 (teilhabe)』することが、人間としての存在 (menschlicher Existenz)
の不可欠の条件であることをみてとるのなら、アドレス性が人間存在の関係性
(existentielle Betreffbarkeit von Menschen) にもかかわる概念であること
は歴然としている」(Fuchs 2011: 244)。

## ○「最高度に有意味な者」

　こうした特徴をもつ包摂システムは、ルーマンが述べる「人と人との相互浸透」
に深くかかわっている。第1章で述べたとおり、人と人との相互浸透と (ただの) 相
互浸透は異なる。相互浸透は、社会システムが心理システムの複合性を利用する包
摂と、反対に心理システムが社会システムの複合性を利用する社会化の双方をい
い表す概念である。「これに対して、人と人との相互浸透は、ある人間の特有の行
動と名指されるものが、他の人間にとって同様に特別な行動になる、というケースを
真面目に取り上げたものである」(Fuchs 2011: 245)。ルーマンによると、こうし
た人と人との相互浸透の典型的な例は、愛ないし親密な関係であった。その場合
には、なにか特定の文脈でのみ相手の存在が有意味なもの・重要なものとみなさ
れるのではなく、あらゆる文脈・あらゆるテーマにおいてその人の振る舞いやその人
の全体が重要になることを、愛ないし親密な関係は言い表している。「親密なシス
テムの包摂は、人間が、コミュニケーションにとってのみ有意味なものとしてはもは
や考えられず、人間それ自体が最高度に有意味である (höchstrelevanz) という
前提のもとでの包摂である」(Fuchs 2011: 245。傍点は原著者)。

　ただし、親密な関係の包摂は、包摂システムの包摂とはいくつかの面で異なる。
包摂システムは、(1) 世話の一方向性、(2) 性的な身体的接触の排斥、(3) 世話す
る人間 (介助を担当する専門職者等) の絶え間のない交替、および (4) 愛というコ

ミュニケーション・メディアがないことから親密な関係から区別されている（Fuchs 2011: 250）。

　こうした違いはあるにしても、その基本的な部分では「包摂システム」と親密な関係あるいは愛の関係は通底しているとフックスはみなしており、そこから重要な知見を汲み出している。フックスが的確に述べているとおり、「包摂システム」の包摂は人と人との相互浸透の帰結なのであり、つまり一方が他方によってその存在が最高度に有意味な者として承認されること、いいかえれば、「関係性」の次元での出会いが双方にとって生じているということが基盤となっている。先に述べたように、包摂システムにおける世話は、たしかに具体的な行動のレベルでは援助者から被援助者へという一方向であるが、その「包摂システム」の基盤の水準——早坂の「関係性」——においては相互的なのである。

　情報を選択し情報を伝達する者は、まず受け手からコミュニケーションにおける自らの存在を相手から認めてもらうこと、社会的アドレスを与えられることが必要である。そうだとすると、援助者が、援助される者から承認されて、そこでのしかるべき社会的アドレスを付与される関係が成り立たなければ、コミュニケーションは始まらないのである。一方がいくら大声で話しかけたとしても、相手が「理解」しなければ（少なくとも発信者の側が意図したようには）コミュニケーションは始まらない。このことがコミュニケーション論的介入にとっての大問題である。まずは「送り手」が相手にとってその存在を認められるということが、「包摂システム」が成立する端緒である。そうだとすると、「包摂システム」は「感受性に富む注意力」（Fuchs 2011: 251）をもって、利用者・患者たる相手の「送り手性」をまず承認することが専門職者の第一の課題であり、そうであれば主に言語に頼った通常のコミュニケーションでは患者の仕草や反応の意図が判別不能であるとしても、当人にとってそうした振る舞いの意味を探り、それをまともに容認することがそのさい不可欠である。つまり、そうしたクライアントとのコミュニケーションにおいて、受け手（専門職）が

クライアントの「送り手性」を保障・保証することがまず必要不可欠なのである[8]。いいかえると、通常のコミュニケーションの枠組みではその意思を了解しえない状態の場合には、通常のコミュニケーションを超え出る新たなコミュニケーションの可能性を模索する必要があるはずである。そのためには、クライアントに対する最高度の配慮が不可欠である。この最高度の配慮がケアの第一歩であり、そうしたケアのためにあの手この手の工夫を専門職者がおこなう必要があるだろう。

　ただしそのさい、社会的アドレスがコミュニケーション・システム上の出来事であって、個人に還元されることがらではないことを忘れてはならない。社会的アドレスは、どこまでもコミュニケーション・システムにおいて構成された出来事である。したがって、専門職者が相手の社会的アドレスを承認するとはいっても、それは援助者ひとりの努力によって可能となる水準の出来事ではない。そのコミュニケーションにかかわる双方が「承認する者―承認される者」に同時発生的になる（アドレスの相互承認）場合に、機能性の水準とは異なる「関係性」の次元で社会的アドレスの相互承認が成り立つ。したがって、社会的アドレスの承認は、いつでも相互的な事態であるといってよい。

## ○改めて糸賀一雄と「関係性」の次元の包摂

　この社会的アドレスの相互的な承認は、糸賀一雄が「共感の世界」と呼び表している事態と同様であると思われる。糸賀は、自らがいくらはたらきかけても目にみえての反応を示さない重症心身障害児とのかかわりが、「共感の世界」の発見として進められてきたことを、次のように述べている。

　　　問題は子どもたちのあらゆる発達の段階をどのようにしたら豊かに充実
　　させることができるかということである。教育技術が問われるのはこの一
　　点においてである。しかし教育技術が生かされる基盤となるもの、むしろ

[8] この論文においてフックスは対人援助の専門職者に限定して「包摂システム」を論じているけれども、「包摂システム」の論理自体は専門職者に限定されるものではないだろう。すなわち、親子など親密な関係においてはしばしば相手の一挙手一投足が重要になり、相手の全面的な包摂がテーマとなる。

教育技術をうみ出すもの、それは共感の世界である。それは子どもの本心が伝わってくる世界である。その世界に住んで私たち自身が育てられていくのである。子どもが育ちおとなも育つ世界である。(中略) 私たちは精神薄弱児 [現在の知的障害児] と共に過した二十年の近江学園の生活のなかで、このことを子どもたちから確かめ学んできた。

　一次元の世界に住んでいる人たちは、声なき声をもって訴えている。それは、人間として生きているということは、もともと社会復帰していることなのだということである。

(糸賀 2003: 306-7)

　重症心身障害児が「声なき声をもって訴えている」のは、糸賀がその「声」を受け止め「理解」し——糸賀にはそれを情報として読み取る被刺激性が育まれていた——、その前提のもとでコミュニケーションを継続していったからである。糸賀が「受け手」として聴き取ることによって、重症心身障害児の「送り手」としての存在 (社会的アドレス) が構成され、その前提のもとで後続するコミュニケーションが進んだのである。また「人間として生きているということは、もともと社会復帰している」ということも、糸賀がそのことを「理解」し、社会復帰しているものとして期待を向け重症心身障害児の存在 (社会的アドレス) を明確にしてコミュニケーションをつづけたからである。そして同時にまた、そうした相手の存在を認めるなかで、「私たち自身が育てられていくのである」。しかし、糸賀たち職員が一方向的に、根拠なくおこなっていたわけではないだろう。つまり、こうした「共感の世界」は、いうまでもなく糸賀が一方向的に子どもたちを感じることによって形成されるのではない。こうした「共感の世界」は、「声なき声」を訴えて懸命に生きている子どもの「存在」に触れることによって子どもの存在を見出すと同時に、糸賀自身がその声を聴き取った「自分自身」を——同時に「関係性」を——発見しているのである。ここでの「自分

自身」というのは、たんなる物理的・生物学的な一個体としての個人を意味しているのではない。そうではなく、コミュニケーションを生きる、人との関係を生きる関係的個人としての「私」を糸賀は感じているといってよいだろう。こうした「私」は、自分一人ではけっして発見することができず、人とかかわるプロセスの只中においてはじめて発見できるのである。早坂の述べる「関係性」の概念（1994: 8）は、こうした存在の相互承認にかかわる概念であるといっても過言ではないだろう。

　こうした糸賀でさえ、当初は、重症心身障害児を前にして「この子らに世の光を」という視点から一方向的になんとか保護しようとしながらも、その視点には障害児を限定（差別）的に捉える視点が内包されている点をも自覚していた。しかし、本書の視点からいえば、糸賀が重症心身障害児たちを「排除」していたということではなく、むしろ糸賀自身もそうした重症心身障害児との相互的な期待から創発するコミュニケーション・システムから「排除」されていた。すなわち彼らと自らとのあいだで「包摂システム」を成り立たせることができない途上だったのだと捉えることができる[9]。いいかえれば、当初は、重症心身障害児に対して障害児との関係のなかで、糸賀は自らの社会的アドレスを探しても、みつけることができなかったということである。しかし、日々のかかわりをとおして糸賀および障害児たちは「共感の世界」を形成し、相互の社会的アドレスを形成するにいたったといえるだろう。糸賀のこうした経験が教えているのは、重症心身障害児のような、なにも反応できず、まったくコミュニケーションが可能ではないようにみなされがちな相手であっても、社会福祉には相手の人格としての「存在」をどこまでも承認し、最高度に有意味な者としてかかわり、ささいな動きでさえ意味ある発信として見逃さないようにかかわるなかで「共感の世界」を形成し、そこから支援が始まる可能性がありうるということを教えているといえよう。それをフックスは「包摂システム」と呼び、糸賀は「横（ヨコへ）の発達」と概念化し、実践していったのである[10]。

[9] ここで注意しなければならないことは、「関係性」が「ない」ということではない。「関係性」の確認ができなかったのである。なぜなら、「関係性」は、作ることも壊すこともできず、確認ないし発見することができるだけだからである（早坂 1994: 8）。

[10] 「横（ヨコへ）の発達」という視点は糸賀が単独ではない、施設の他の職員たちとの相互関係のなかでどのような経緯で「共創」されていったのか、この言葉をいつ用い始めたのか等については、膨大な資料と関係者へのインタビュー等を駆使した垂髪（2021）の丁寧な研究に詳しい。

## ○べてるの家の「当事者研究」と「関係性の次元の包摂」

　これまで述べてきた「包摂システム」について、現代の社会福祉現場におけるもうひとつの示唆的な例を紹介したい。取り上げるのは、北海道にある「浦河べてるの家」（以下、べてるの家と略記）における「当事者研究」の試みと、べてるの家のソーシャルワーカー向谷地生良の実践である。べてるの家は、精神障害を抱える人びとが地域生活を送るうえで利用している施設である（浦河べてるの家　2002）。べてるの家がおこなっている「当事者研究」というのは、医者などの専門家に治療を任せるのではなく、精神障害者自らが自らの障害を「研究」する取り組みである（浦河べてるの家　2005）。例えば、精神障害を抱える人が自らで自分の問題（幻聴や被害妄想）がどういったときに起こりやすいのか（疲れているとき、スケジュールが忙しくなったときなど）、また幻聴や被害妄想が現れたときの対処方法（「幻聴さん」との付き合い方）などを本人が「研究」し、同施設を利用する精神障害を抱える当事者（ピア）の先輩やべてるの家のスタッフらに発表している。第4章第2節で述べたように、介入は自己介入が誘発されてはじめて始まるが、「当事者研究」はまさに自己介入の最たる試みだといえよう。べてるの家の実践は、そうした自己介入がけっしてひとりでは成り立たないことを示している。

　べてるの家のソーシャルワーカーである向谷地は、自助（自己介入）には「自分自身との出会い」が必要であり、そのために他者とのかかわりが不可欠であると述べている。

　　「自助＝自分を助ける」という営みに欠かせないのは「助ける主体としての自分を見出す」ことであり、そんな「自分自身と出会う」ということである。「自助の援助」とはその基本において、自分自身との出会いを通じて他者とのつながりの回復と創造を目指すプロセスである。つまり「自助」の反対語は、一般的に思われる「依存」ではなく、「自己の喪失」と「孤立」なのである。
　　　　　　　　　　　　　　　　　　　　　　　　　（向谷地 2009: 26）

「当たり前のことであるが、やはり歩く主体は当事者自身なのだ」（向谷地 2009: 22）と端的に述べられているように、「自助」が「当事者研究」の根本である。そしてそこでは「自分自身と出会う」ことが不可欠だと述べられている。この「自分自身と出会う」ということは「自分の苦労を取り戻す」ことであるといいかえられている。精神障害にまとわりついているさまざまな苦労となんとか折り合いをつけて、本人が自分自身を「客体」としてではなく、自らと「付き合う」自己準拠的な「自分」として生きていこうとすることが、「苦労を取り戻す」ことであるといえよう。以下で向谷地が述べるように、自分自身と出会う、自分自身と向き合うためには、自分ひとりで努力してもできないのであり、他者とのかかわりが不可欠なのである。

　　　「自分の苦労を取り戻す」とは、「自分の苦労が自分のものとなる」とい
　　う経験であり、それは自分の人生を取り戻すことにほかならない。自分を
　　取り戻してはじめて、人とつながることができる。このようにして、「苦労を
　　取り戻す」ことと「人とつながる」ことが、同一の出来事として起きてくる
　　のである。　　　　　　　　　　　　　　　　　　　　（向谷地 2009: 38）

　つまり、自分自身と出会う、自分自身と向き合うためには、他者の存在が必要であるということである。なぜなら、「一緒に考えてくれる相手が現れると、同時に自分が現れることになる」（向谷地 2009: 117）からである。それゆえ、向谷地は、初めて利用者のもとを訪問する場合に、自分がまず相手から関心を持たれることを心掛けて、相手から拒否されつづけてもその人のもとを訪れつづける。向谷地は、精神障害者の自宅へ訪問し拒否されてもかかわりつづける態度を例として、次のように述べている。「警察を呼び、追い返したにもかかわらず、当事者のかかえる困難な現実というドアをコツコツと叩きつづけ、威圧する言葉にも怯むことなく、腹も立てずにたたずむ。そんな不思議な人として『関心をもたれる』ことを、私はずっと

心がけてきた」（向谷地 2009: 54）。「関心をもたれること」を心がける態度は、精神障害者が「自分自身と出会う」ためには、まず向谷地が、精神障害者にとって意味ある他者としてその存在を認められることが第一条件となるからである。向谷地が他者としてありつづけることによって、いつか精神障害者が「当事者研究」を始めるかもしれない。もちろん、その人はいつまでも「当事者研究」を始めないかもしれないが、まずは援助者が他者として存在することが前提条件となるのである（これは第3章4節の最後にレーマンが述べた点とつながるだろう）。

　こうした視点に立つ向谷地は、精神障害者が抱える危機の根本が「関係性」の次元にあることをみてとっているといえる。「……統合失調症をもつ当事者のかかえる危機の本質は、存在そのものにあると考える」（向谷地 2009: 110）。向谷地は、ここで「存在そのもの」としか表現していないけれども、以上の理路をたどってみると、「関係性」の次元に精神障害（統合失調症）の危機をみてとっているといっても過言ではないだろう。「関係性」の発見は、相手と行動レベルでかかわることとイコールではない。「関係性」の次元ということは、個人の行動や意識のレベルと密接にかかわりながらも、それとは異なる次元ですでにかかわっているということである。それゆえ、個人ひとりが意識的または意図的にどうこうすることはできないのが「関係性」の次元であるものの、そうした「関係性」の発見があるからこそ人は自分の力で回復する過程を他者と歩み始めることができると考えられる。したがって、精神障害者が自らの苦労を意識のレベルで捉えている限りは、自分の苦労を自分で悩んでいないということであり、そうである場合にはべてるの家では誰にも相手にされないという。「自分のかかえる苦労を粗末にして、自分で吟味することも悩むこともせず、心のゴミを捨てるように外来の主治医の前で話すと『外来はゴミ捨て場じゃない』と相手にもされない」（向谷地 2009: 91）。他者とも自分自身とも出会えていないとき、苦労は誰かに投げ出したくなるが、それは「第三の介入システム」が立ち上がっておらず、自己介入が始まらないということである。

さらに、向谷地は専門職者にとって重要な態度を「信じる」ことと表現している。この「信じる」は、「関係性」の次元における包摂を直接的に表しているといえよう。「私たちの役割は、当事者自身にその力があることを信じつづけることです」（向谷地 2009: 79）。いいかえれば、「『根拠なく一方的に信じる』ということは、決して『期待の先取り』ではない。（中略）つまり信じるということは、『にもかかわらず、この困難な現実を生き抜くことの主役を当事者自身に"まかせる"ことである』ということである」（向谷地 2009: 71）。ここで述べられているように、「根拠なく」信じるということは、相手を機能性の次元でのみ捉える視点からではおよそ不可能なことである。この「信じる」ということは、端的にいえば、これから相手に起こるあらゆる困難を「私も」引き受けるという態度である。いわば「連帯保証人」の立場に身を置く「覚悟」であり、もしかしたら「負け戦」に挑む「あきらめ」に近いのかもしれない。しかしだからといって、相手が間違いをおかさないようにすることを目的として相手を全面的に「保護」し、直接的─因果的にコントロールしようともせず、相手に「まかせる」ということである。自らが手を出せば結果的に良くなる可能性が高かろうとも、そしてまた相手の身に起きた困難の直接の責任が自分にはなかろうとも、それでも「にもかかわらず私も」相手の結果に責任をもつという態度であろう。

　以上みてきたように、援助者がいくら介入をはたらきかけても自己介入がほとんど見込まれないような相手に対して、いかなる包摂がありうるのか。糸賀と向谷地の例を示しながらフックスの「包摂システム」を考えてきた。フックスの提起する「包摂システム」は、ルーマンの人と人との相互浸透を起点としてそれをいっそう展開している。人と人との相互浸透では、言葉のやりとりだけではなく、なによりも身体のしぐさや身体のわずかな挙動がいかなる伝達行動であるかを「読み解く」ことが決定的に重要である。このような通常のコミュニケーションの枠組みでは伝達としては解釈されがたい相手のしぐさや身体の挙動を、意味ある伝達として「解釈」することは、対人援助の専門職者が日々課題としていることだといってよいだろう。

「声なき声」を聞き、明確に伝達されない「呻き」（阿部 1997）を受け止めることという点で、糸賀一雄を代表とする終戦直後の、また向谷地といった社会福祉基礎構造改革後も連綿とつながっている社会福祉学の蓄積に、フックスの「包摂システム」は明確に接続している。

## 第5節　「送り手性」の回復としての「関係性」の次元の包摂

### ○「送り手性」の回復は「受け手性」の回復でもある

　前節の「包摂システム」の議論を踏まえれば、第2章で確認したフックスやマースに代表されるSoziale Arbeitの社会的機能として述べられる「再包摂」も、「関係性」の次元の包摂として捉え直す必要がある。第1章で岡村重夫に向けられた批判は、Soziale Arbeitの社会的機能をテーマとする社会学的システム理論の諸議論にも当てはまるものといえるだろう。つまり、マース等が述べる再包摂は機能性の次元での包摂でしかないのかもしれない。

　第1章で奥田のホームレス支援実践にもとづく知見が明らかにしたように、仮に機能性の次元だけで包摂が考えられてしまうならばその人は「再排除」に至りやすい。「伴走型支援」が示すのは、社会学的システム理論に引き付けていえば、排除によって「剪定」されてしまった「送り手性」（送り手としてのアドレス性）が改めて回復される人格的な関係を築く相手がいなければ、機能性の次元の包摂（衣食住の提供等）がなされても再排除に至りやすく、本当に「再包摂」にはなりえないということである。「送り手性」というのは、個人の生まれ持った特徴でもひとりで努力して獲得できる能力でもない。つまり個人的なものではない。そうではなく、自分の「声」を聞こうという思いを向けてくれる相手、自分の「声」を心待ちにしてくれる相手によって、コミュニケーション・システムにおいて構成され、与えられ、贈られるものといえる。この意味で、「送り手性」は人格に由来し、また社会的なものであり、コミュニケーション・システムの水準で起きることに他ならない。そのとき当事

者間において「関係性」の体験的な気づきが生じる。糸賀一雄を借用すればその瞬間を「横（ヨコへ）の発達」といってよいのではないだろうか[11]。

したがって「包摂システム」における「送り手性」（送り手としてのアドレス性）の回復は同時に「受け手性」の回復でもあることはもはや多言を要さないだろう。「受け手性」（受け手としてのアドレス性）というのは、送り手が呼びかけようとする「相手」（パースン、社会的アドレス）としてその存在が送り手によって認められることである。呼びかけに対して、その相手はなにも応答を返さないかもしれないけれども、こちらの呼びかけを聞いている（はず）と期待できることでもって、「包摂システム」における「最高度に有意味な者」としては十分である。

## ○さまざまな「送り手性」の回復

最後にひとつ付け加えるならば、存在の承認や「送り手性」の回復は、たんに抽象的な議論ではない。垂髪（2021）が丹念に明らかにしたように、糸賀一雄に始まる近江学園等で日々、職員と利用者とのあいだで実践されてきたことでもある。また、重症心身障害児・者のような重度の障害者とのあいだでしか成り立たないことでもない。向谷地（2009）や浦河べてるの家（2002，2005）による数々の「当事者研究」においても、当事者が「自己病名」を付けたり、生きることのつらさを仲間に向けて語ることができるようになることも、「送り手性」の回復と捉えることができるだろう。もしくは、「送り手性」の回復は「自らが語る」ことが必要条件ではないので、東畑（2019）が鮮やかに描き出したようにそのコミュニティに「居る」こと、とりわけ周りの人と同じように自分もここに居てよいと理屈抜きに思うことができ、語りたいときに語れる相手がコミュニティにいるならば、それも「送り手性」の回復といってよいだろう。

---

[11] 小児科医として約20年びわこ学園で重症心身障害児とかかわってきた高谷（2011a）は「パーソン論」に警鐘を鳴らす（この「パーソン」はルーマンの「パースン」概念とは異なる）。「パーソン論」というのは「自己意識をもち理性的な状態」である「人格（パーソン）」がない植物状態や認知症、そして重症心身障害などを殺しても問題がないとする立場である（高谷 2011a: 39-40）。1970年代からこの「パーソン論」を批判してきた生命倫理学者の森岡（2010他）は、パーソンに対置される概念として「ペルソナ」を提案した。「ペルソナそれ自体を、私はみることもできず、触れることもできず、聞くこともできないにもかかわらず、私は目の前の身体に立ち現われたペルソナを全身で感受し、ペルソナと言葉を用いない対話をすることができる。ここにペルソナの存在の謎がある」（森岡 2010: 113）。

ルーマンの包摂／排除は、排除の意味がコミュニケーションからの排除である点を明確にし、失業等で生活が成り立たない困窮の問題とそれと同時並行で進むコミュニケーションの「送り手」になる機会も期待も失われ、コミュニケーションの送り手としての自分を回復できる希望を失いかけている人と周囲の人びととの「関係性」の次元の問題性をも射程に収めるものと思われる。本書で述べてきたとおり、ルーマンの社会学的システム理論は、抽象性の度合いが高く、（筆者にとっては）わかりづらく使いづらい概念群が並んでいるけれども、直系の弟子にあたるフックス、そして次世代のマースという延長線上にSoziale Arbeitの実践が理論的に捉えられ、またその延長線にある本書によって存在の承認や「関係性」の次元の包摂があってこそ、機能性の包摂もその目的を果たしうるという見取り図が描かれた。本書のいくつかの指摘は、現代日本における「伴走型支援」、「当事者研究」といった現代の社会福祉において注目すべき取り組みと親和性が高いと思われる。

# 第5章
地域コミュニティにおける
包摂と「非パースン」

第4章で確認した「包摂システム」の視点は、現代日本における地域福祉や地域包括ケアにも通じるものと考えられる。つまり、地域で暮らす要介護高齢者や支援を必要とする人が、コミュニケーションにおける伝達者として期待されにくい位置に置かれているとすれば、それを乗り越える視点が「包摂システム」に内包されていると思われる。

　繰り返しになるが、コミュニケーション・システム理論において、包摂は、包摂される人間がコミュニケーション・システムにおける「パースン」を付与されること、いいかえればコミュニケーションにおける送り手としての地位が創出・確保されることである。しかしながら、例えば認知症高齢者の「認知症」という側面が過大視されると、その人の「パースン」はいわば色褪せてしまい、コミュニケーションの送り手でも受け手でもない者として排除のリスクを抱える可能性が高い。排除のリスクのある人が社会参加（コミュニケーションの送り手として）の機会を取り戻すためには、周囲の人びととのあいだでその人の「新たな一面の（再）発見」、つまり「非パースンの（再）パースン化」が必要である。地域福祉の文脈において、包摂の担い手のひとつとして期待される地域住民の役割のひとつは、この「非パースンの（再）パースン化」のために利用できる、以前のその人の記憶の貯蔵庫と捉えることができると考えられる。

## 第1節　地域という文脈における包摂を捉え直す

　医療や福祉の政策課題として地域包括ケアや地域共生社会といった目標が掲げられて久しい。地域包括ケア、地域共生社会といわれ、地域の多様な課題に対して多様なアクターの参画が求められ、かつ進められている。それぞれ個別の課題や個別のアクターに関する調査・考察も重要であることはもちろんだが、それらに共通しているはずの「地域における包摂」とはいったいどのようなことか。

こうした視点から、現在最も注目に値すると思われるのが、原田正樹による「ケアリングコミュニティ」論である。包括的な論点が提示されておりきわめて注目に値するが、本書ではそのなかでもとくに、地域福祉の推進に向けて地域住民の主体性を育むこととは、岡村重夫がいう福祉コミュニティにおける「共鳴者や代弁者」を増やしていくこと、という指摘（原田 2012: 195）に着目したい。なぜなら地域福祉や地域包括ケアにおいて、地域住民は一方的に支援を受ける側（専門職や行政が支援する側）としては想定されていないのであって、住民が身近な場所での住み慣れた暮らしをまっとうするために、住民同士だからこそできることの主たる担い手として注目されているからである。「ケアリングコミュニティ」がめざす姿も、地域社会の各メンバーが、病や障害等の状態であろうとも、相互にかかわることによってお互いの「新たな一面」が開花し、相互に「パースン」として、すなわち人格的存在として認められるような行動様式が見出されることではないかと考えられる。

　ルーマンの包摂は、包摂する側（社会システム）の力能（複合性）が包摂される個人の力能（複合性）によって増大することである。その意味で、包摂される個人を支援することだけが包摂の目的ないし結果であるかのように捉えるのは一面的であるし、そのような一面的な捉え方では包摂という概念の射程を見誤り、果ては専門職者や地域住民への的外れな要求が生まれ、実践的にも長続きしていくことはできないだろう。

## 第2節　地域における包摂の担い手として期待される地域住民

　原田は、大橋謙策の地域福祉論（近年では特にコミュニティ・ソーシャルワーク論）にもとづきながらも、「ケアリングコミュニティ」の要諦をいっそう整理・展開しようとしていると思われる。原田（2014: 100）は「ケアリングコミュニティ」を「共に生き、相互に支え合うことができる地域」と捉えている。原田によれば、ケアリ

ングコミュニティには次の5つの構成要素がある。「こうしたケアリングコミュニティ
は、①ケアの当事者性（エンパワメント）、②地域自立生活支援（トータルケアシス
テム）、③参加・協働（ローカル・ガバナンス）、④共生社会のケア制度政策（ソー
シャルインクルージョン）、⑤地域経営（ローカルマネジメント）といった5つの構成
要素により成立している」（同上）。つまり、「ケアリングコミュニティ」は、それ自体
が直接に地域福祉のありようを指すというより、地域福祉を生み出していくための
「地域福祉の基盤づくり」だとしている。

　もちろん、こうした発想は、岡村重夫の地域福祉論からつづいているものであ
る。周知のことながら、岡村は、都市社会学者の奥田道大が提起した地域社会の
モデルを取り入れ、「社会福祉活動の基盤としての地域社会……住民の生活要求
を民主的、合理的に解決するための地域社会として……換言すれば地域福祉のた
めの地域社会モデル」として（岡村 2009: 17）、奥田が提起した「コミュニティ・
モデル」を詳細に検討した。岡村は、次いで、1971年の中央社会福祉協議会の答申
「コミュニティ形成と社会福祉」の内容も検討した結果、国や地方公共団体による
「上から与えられたもの」として社会福祉サービスを捉えるならばそれは「コミュニ
ティがなくても成立する」だろうが、「もし受給者を地域社会にとどめて保護をあた
え、地域社会の住民として彼の地域社会関係を維持させながら社会サービスを利
用させ、そして最後には地域社会に復帰させることを目指すのであれば、その地域
社会は多かれ少なかれ、コミュニティとしての構造をもつことが必要である」（岡村
2009: 40。傍点は引用者）と述べ、福祉コミュニティ論を展開していった。

　こうした岡村（や大橋ら）の議論を踏まえて「ケアリングコミュニティ」を論じる原
田は、先の5つの構成要素が実現するためには、地域住民が「相互の関係性を育む
こと」や「相互の支え合う互酬性」（原田 2014: 101）にもとづいて、専門職者らと
ともに実際に地域で相互に支え合う行為が営まれる必要があると述べている。そ
もそも社会福祉法の第4条「地域福祉の推進」においても、「社会福祉に関する活

動をおこなう者」として民生・児童委員やボランティア活動に携わる地域住民が想定されている。また、岡村の福祉コミュニティ論の3つの要素としても、福祉サービス利用者や支援を必要とする当事者および社会福祉の専門職や機関・団体のあいだに、「そうした当事者を代弁したり、彼らに共鳴する人たち」（原田 2014：169-70）として地域住民が想定されていることは、先の岡村（2009）の引用からも明らかであろう。つまり、地域福祉の文脈においては「地域における包摂」の主体として地域住民が長らく想定されてきているのである。

　さて「ケアリングコミュニティ」形成にとって、（1）当事者、（2）代弁・共鳴者としての地域住民、（3）専門職者等のうち、最も課題になるのは（2）共鳴者や代弁者としての地域住民であろう。なぜなら、（1）当事者は、いつの時代もどのような地域においてもさまざまな地域の生活課題や諸問題に見舞われる者[1]として、また（3）専門職者等は制度・政策ならびに職業として確立されている者として、（1）および（3）の両者はすでに全国津々浦々に実際にいるといってよいだろう。それに対して、（2）代弁・共鳴者としての地域住民は、地域によってはほとんどいないか、少数にとどまっている場合が少なくないと考えられる。さらに、そうした地域の助け合い活動に熱心な一定の地域住民のグループが存在している場合であっても、活動メンバーの継続性や「若手・新人」の発掘（世代交代）といった課題がつきまとっているからである。「ケアリングコミュニティ」にとってもこの点は大きな課題のひとつであろう[2]。

　ちなみに、共鳴者や代弁者として、近年「リンクワーカー」の機能ないし存在が注目されている。例えば、医師である西（2020）は社会的処方（social prescribing）の取り組みの不可欠な存在としてリンクワーカーを捉えている。「リンクワーカーとは、社会的処方をしたい医療者からの依頼を受けて、患者さんや家族に面会し、社会的処方を受ける地域活動とマッチングさせるのが仕事」（西 2020: 51）であり、「単なる情報提供窓口ではな」く、社会的孤立のおそれがある住民と地域の活動団体等との実際的な「つなぎ役」のことである。社会的処方は、

[1] 「当事者である」だけでなく「当事者になる」ことの重要性（上野 2021）は地域福祉においても同様だろう。
[2] そのために、原田は福祉教育の推進の必要性についても丁寧に論じているが、筆者の力量を越えるため本書では言及できない。

社会的孤立が問題視されたイギリスに端を発した取り組みであり、日本でも2021年2月、内閣官房に「孤独・孤立担当室」および担当大臣が設置され、社会的孤立に対する国家的取り組みが端緒についた。社会的処方やリンクワーカーへの注目は、地域での人間関係が乏しく必要な情報やサービス利用に至りにくい当人に、いかに地域住民がかかわっていくことができるか、かかわりの過程で当人が抱える生活困難や必要な支援をいかに地域住民が代弁・共鳴できるかが問われているからといってよいだろう③。この意味で、社会的処方やリンクワーカーは、地域福祉やコミュニティ・ソーシャルワークが取り組むべき課題と重なる部分がおおいにある。

　では、地域住民のなかに共鳴者や代弁者が形成されていく過程にとって大事な点はなんであろうか。考えられる回答の（あくまで）ひとつは、困難を抱える当人を支援の「対象者」と捉え、自らはその「支援者」という枠組みにもとづくかかわりのままでは、支援を受ける当人が「地域社会を構成する一員」として周囲の人びと（および自身）との関係性の回復を図っていくことが困難であるゆえに、かかわりのプロセスのどこかで、「対象者－支援者」という枠組みからのブレイクスルーないし質的転換が必要になることだろう。いいかえれば、支援される側の「患者」や「利用者」という側面が過大視されるのではなく、その人の個人としての来歴や趣味や特技といった「パーソナルな部分」が、さまざまなおりにいろいろな点でその地域の人びととのコミュニケーション・プロセス上に現れて・みえてくる「新たな一面」の（相互）発見が起こる関係への転換が必要だということである。

　そうした転換のプロセスにおいて、支援する側の住民のなかに、より代弁・共鳴者になっていく人が増えていき、地域の包摂キャパシティが広がると考えられる。「地域福祉を推進していくためには、この地域住民の主体性を育むということが何より重要になる。……地域福祉の推進に向けて主体性を育むとは、岡村重夫がいう福祉コミュニティにおける共鳴者や代弁者を住民のなかに増やしていくということである」（原田 2014: 194-5）。

③ 代弁や共鳴は、原田もケアリングコミュニティの根本においている「共に」という対人関係（足立2003）においての実現が求められることだろう。代弁や共鳴を「する」ということは、「ともにいる」またはともにいようとするかかわりのなかで生まれてくるものだろう。この点はまだ十分に明らかにできていないけれど、本多（2019）につながっている論点である。

## 第3節　パースンと非パースン

　このように地域福祉の文脈において、生活上の困難（地域生活課題）を抱えている人の共鳴者や代弁者としての地域住民が増えていくことが、地域福祉における住民の主体性に、さらには地域福祉の基盤づくりになっていく。しかしながら、他者が抱える生活上の困難にいかに共感していくことができるのか、そのような地域住民の数をどのように増やしていくかは大きな課題である。このためのひとつの方向性を提示するために、以下ではルーマンのパースンおよび非パースンという概念を素材に、地域住民を主体とする「地域における包摂」の意味を検討したい[4]。ルーマンによれば、パースンは、コミュニケーションにかかわる個人に対して期待される行動レパートリーの制限である（Luhmann 1995a: 148＝2007: 127）。その個人に対する「行動期待の束」ともいわれる[5]。パースンは、このようにして、コミュニケーションの相手に対する期待の安定化に役立っている。

　期待の安定化という意味では、パースンよりも抽象的な概念としてわれわれが知っているのは、役割（Role）である。役割も、コミュニケーションの相手がその役割の担い手であれば、一定の同様の行動を期待させる（期待外れの行動をしないはずだと期待できる）。役割が、パースンよりも抽象的といわれるのは、その役割の担い手が別の人間に交代しても期待できる行動にさほどの違いが生じないからである。

　こうしたパースンは、本人も周囲からどのようなパースンとしてみられているか、いいかえれば周囲から自分に対して期待されている行動レパートリーを理解してい

---

[4] 第1章でも述べたとおり、本書では「パースン」および「非パースン」の訳語を用いる。ちなみに、ルーマンは別の文脈ではunpersöliche を「匿名」という意味合いに近い用い方をしているが（Luhmann 1982＝2005: 11-2)、「非パースン」は「まだみえていないその人の新たな一面」といった意味合いを取り出していきたい。なお、「近代の家族というシステムは非パースンが沈殿する本質的な場」（Fuchs 2014:18）といわれており、地域福祉の文脈でいえば、沈殿していた「非パースン」が地域住民とのかかわりをとおして「その人の新たな一面」として再発見され浸透していくことが「社会参加」の足がかりになりうると考えられる。

[5] 哲学者の坂部恵は、和辻哲郎の考察を下敷きにしたペルソナに関する論文において、〈人柄〉を「関係の束」と表現し、〈ペルソナ〉とは〈間柄〉が化身したものと捉えている。筆者の力量を越えるため本書でこれ以上の言及はできないが、ルーマンのパースン概念との異動については別稿を期したい。「〈人柄〉という概念が、多くの場合、例えば、教師として、父として、労働者として……何らかの〈間柄〉における〈役柄〉としてのふさわしさないしふさわしくなさという文脈で使われることからもわかるように、何らかの〈役柄〉をはなれた抽象的・自存的な〈人柄〉とか〈人格〉的実体とかいったものがあるわけではない。〈人柄〉とは、いってみれば、それぞれのコンテクストの中に置かれた、〈関係の束〉ないし〈柄の束〉以上のものではないのだ。／身体、とりわけ、顔面は、この〈関係の束〉ないしは〈柄の束〉においてかなめとなる位置を占めるインデックスとして、それ自体としてはイデエルで不可視な間柄を可視的ならしめ……いわば〈身柄〉〈かおつき〉〈おもて〉という形で表示され、化身した間柄こそ〈ペルソナ〉にほかなら……」（坂部 2019: 79-80）ない。

る。パースンというのは、けっして周囲の人間がそれぞれ「内面的に」抱いている他者についてのイメージではない。ある人は自らがどのような「パースン」として周囲からみなされ、それに沿った行動が期待されているかを理解し、お互いがそのパースンをヒントにコミュニケーションにおける双方の行動を調整している。この意味で、パースンは、本人だけの「内面的なもの」とか、周囲の人間が主観的に抱いている水準の事柄ではない。そうではなく、パースンは、コミュニケーションの必要に応じて生じた、コミュニケーション・システムの水準に属するものである。「このように……社会システムを形成しようというなら、社会的状況のダブル・コンティンジェンシーの問題を解決しなければならないという必要の副産物として、諸パースンが凝結してくるのである」(Luhmann 1995a: 149＝2007: 129)。

　こういってよければ、パースンはそのつどのコミュニケーションのプロセスのなかに、あるいはコミュニケーションする相手との「あいだ」──ルーマンは「システムとシステムのあいだ」という表現はけっして用いないが──にある。したがって、パースンはそのときの文脈や相手によって変わるため、パースンは関係概念といえる。例えば、親しい友人の前では自分は「こんな人物」と思われているが、職場の同僚たちからは「そんな人物」とは思われていないため、親しい友人の前ではスムーズにおこなえる行動であっても、職場の同僚の前では同じように行動しにくいのは、職場の同僚とのあいだにある自らのパースン、つまり期待されている行動レパートリーが異なっているからである。

　このように、パースンは本人ないし周囲から期待される「人格」ないし「人物像」であり、コミュニケーション・システムはこのパースンを活用してコミュニケーションを継続（再生産）しやすくなっている。ここで注意が必要なのは、あるコミュニケーション（相手や状況）においては自らのパースンに含まれていないけれども、当人が取りうる行動レパートリーはいわば無数にある点である。パースンに含まれていない行動は禁止されているわけではない。

このように、そのつどのコミュニケーションにおいて陰に隠れている部分を、ルーマンは非パースンと概念化した。先に述べたように、親しい友人の前では「饒舌」（という行動期待が向けられる）な人でも、職場の同僚の前では「ほとんど無口で会話がしにくい」という「パースン」と捉えられている場合、職場の同僚とのコミュニケーションにおいて「饒舌」という行動期待は「非パースン」である。

　このように、非パースンは、そのコミュニケーションにおいては期待されていないけれども、その人の属性のように期待されうることやいったん発覚すればパースンそのものの変容にまで影響を及ぼすかもしれない部分である。「それ［非パースン］は、コミュニケーションの対象になるものと期待されないからである。したがって、非パースンに属するものは、編み物における〈省略された網目〉やビリヤードにおける〈使われないポケット〉と同じように、指定されない状態であり続ける」（Luhmann 1995a: 148＝2007: 127）。いいかえれば、非パースンは、「その人のまだみぬ一面」、「そのときのコミュニケーションでは陰の部分」といえる。そして、非パースンは、他のコミュニケーションにおいては、周りの人びととのかかわり方いかんによっては、（これから）現実化される可能性のあるものだといえるだろう。

## 第4節　非パースンの（再）パースン化がもたらす包摂キャパシティの広がり

　ここで改めて確認しておくと、包摂の反対概念である排除は、そのコミュニケーションに「関連のない者」（Irrevant）としてコミュニケーション上、パースンが割り当てられないことである。例えばルーマンは、ブラジルのファーベラ（いわゆるスラム街）のような排除領域において、人間はパースンとしてよりも身体として捉えられると指摘している（Luhmann 1995: 262＝2007: 237）。いいかえれば、排除は、コミュニケーションにおいてなんらかの情報を伝達する「送り手」（なんらかの

パースン）として周囲から想定されていない事態を意味している。せいぜいのところ、コミュニケーションの話題として言及されることはあっても、当人の「声」を聞こうという（その人に向けられた）期待が周囲から向けられないことが排除の先鋭的な意味だと捉えられる。それと反対に、包摂は、その相手をコミュニケーションの発信者とみなして周囲の人たちが当人をコミュニケーションの相手（You）として扱うことである。

　第2章第2節で述べたとおり、ルーマンの包摂の概念は、個人の複合性を、社会の複合性を高めるためになることを意味していることを想起したい。いいかえれば、なにか困り事を抱えている当人が、専門職や制度利用による一方的な支援を受けることや、一方的に「社会に包み込まれること」が意味されているわけではない。例えば、地域包括ケアや地域福祉といった文脈における包摂は、包摂される側として想定されている高齢者や障害者や生活困窮者等の地域生活課題を抱えている人びとが、コミュニケーションにおける「発信者」または「送り手」としてのパースンを（改めて）得ることであり、その地域のコミュニケーションに新たな選択肢、新たな可能性が追加（リクルート）されることといえる。

　さらに、先ほど確認した非パースンという概念によってもたらされる可能性を、合わせて検討しなければならない。繰り返しになるが、非パースンというのは、あるコミュニケーションでは期待されない（陰に隠れている）が周囲の人びとのかかわり方次第では、場合によってはその人の「新たな一面」として展開される潜在的な可能性として捉えることができる。地域福祉の文脈でいえば、例えば要支援・要介護の認定を受けた高齢者は、認知症やさまざまな病気を抱えた結果、「認知症になった」とか「ADLが極端に下がった」等の「パースン」が付与されることになる。そうしたパースンが前景化しそれに基づいて周囲の人間が当人とコミュニケーションを重ねていくことによって、自他ともに「認知症の人」や「ADLが下がった人」という「パースン」ばかりが再確認され、そうした期待が強化されがちになるであろう。そうしたコミュ

ニケーションがつづくと、そうした「パースン」のいわば固定化（決めつけ）が進んでしまいかねない。そうしたパースンの固定化は時として暴力的ですらあるだろう。

　しかしながら、介護を受けている認知症高齢者の男性が、例えば昔、職業で慣れた大工道具を手にしたときに、まさに「人（パースン）が変わった」ように華麗な手さばきを披露することがある。また認知症高齢者の女性も、普段は手元も足元もおぼつかない様子にみえるものの、台所に立った途端に、これまた「人（パースン）が変わった」ように流暢に調理を進めることがある。そうしたとき周囲の人間、とくにそうした高齢者に対して一方的に介護を受ける存在（パースン）であるかのようにしか捉えていなかった者は、大変驚くことになる。このとき、「認知症」というパースンは後退し、「大工作業が得意な」とか「料理が得意な」といった「非パースン」だったものが前景化し、「新たな行動期待」として行動レパートリーに加えられる。これを「非パースンのパースン化」と呼ぶことができるだろう。いいかえれば、くり返し述べてきた相手の「新たな一面」の発見である。

　地域福祉の文脈においては、往々にして、高齢者は「要支援・要介護」といったパースンを付与されがちであり、自他ともにそうした枠組みにもとづいたコミュニケーションが進んでしまうことによって、「昔取った杵柄」ともいえるその人が持っていた（今も潜在的に持っているかもしれない）技能や趣味を活かせる「非パースン」は陰に隠れたままになりがちである。しかしながら、相手の新たな一面の（再）発見に細心の注意を払っている周囲の介護者などにとっては、ときおり顔をのぞかせるそのような非パースン（昔取った杵柄パースン）をその人の「パースン」として（再）発見し、実演してもらい、うまくいけば自他ともにその可能性（新しいパースン）を認め合っていくことが高齢者介護にとって小さくない意義をもっていると思われる。これを「非パースンの（再）パースン化」と呼びたい。

　先に述べたとおり、地域福祉の推進にあたって、専門職者だけでなく、地域住民同士のかかわりが重要なポイントとして指摘されるが、地域住民の独自の役割とい

えるもののひとつが以上の議論からみえてくるのではないだろうか。それは、地域住民のうち以前によく付き合いのあった顔なじみの人たちとの「あいだ」（共有された記憶）ないし「コミュニティ」には、「認知症になった」または「ADLが下がった」高齢者当人が以前の元気だった当時の記憶が豊かに眠っている点である。例えば「あのおじいちゃんは昔、地域のお祭りでこんな役をやっていた」とか「災害のときには率先して近所の人たちを助けていた」等の逸話である。その逸話に登場するのは「患者・利用者になる以前のその人」（在りし日のパースン）であり、現在は「みえない」けれども、昔ながらの顔なじみの人との関係には、そうした過去の記憶にアクセスする通路が眠っている。それは過去のパースンの取り戻しであり、「再パースン化」といえよう。「再パースン化」によって、最近は行かなくなった思い出の場所に（介護者とともに）改めて訪れてみるとか、最近はしなくなった趣味をもう一度試してみるとか、最近は話をしなくなった人と久しぶりに会話をしてみる等の行動レパートリーの広がりが生まれる。このようにして「非パースンの（再）パースン化」は当人のみならず、その周囲の人びとのコミュニケーションの複合性の増大ないし取り戻しにつながりうると考えられる。

　以上、さまざまな地域でおそらく現に無数になされているであろう地域住民同士のかかわり合いを「地域における包摂」と捉えられるとするならば、こうした非パースンの考え方によって把握できるだろう。そしてそれが、地域住民ならではの役割の可能性のひとつと捉えることができるのではないだろうか。包摂は、第一義的にはコミュニケーションの送り手としての地位（社会的アドレス）を保全ないし回復することであり、パースンが付与されることである。しかしながら、特に地域福祉の文脈では、ややもすると高齢者等は認知症等に伴う、行動レパートリーの減少（できないことが増えること）が当然視される「パースン」が付与されがちである。介護保険制度や医療保険制度等の諸制度の対象としての「パースン」の包摂はもちろん重要なことであるが、「非パースンの（再）パースン化」という面も合わせて検討することが、

地域住民ならではの役割が期待される現代日本の地域福祉や地域包括ケアのありようを理解するために求められる視点のひとつだと考えられる。

　さらに、地域のなかに共鳴・代弁者を増やすために地域住民だからこそできることのひとつとして明らかにされることができれば、地域の包摂キャパシティの増大を考えるひとつの道筋にもなると思われる。先ほども述べたように、ルーマンの包摂という考え方は、個人および社会の複合性の同時的増大が視野に入っている。「非パースンの（再）パースン化」による当該個人の複合性の増大は、それを許容し可能ならしめる地域の複合性の増大と同時構成的である。これは、地域福祉ないし「ケアリングコミュニティ」の文脈でいえば、包摂される個人の「新たな一面」の発見は、同時に地域の新たなコミュニケーションの選択肢の増大にもつながっているということでもある[6]。本章はこうした今後の検討のための基礎的な作業と考えられる。

## 第5節　「横の発達」の視点を内包する
## 地域コミュニティ論に向けて

　「地域における包摂」は、包摂される個人についての新たな一面の発見だけでなく、そうした個人を包摂する地域コミュニティの側の包摂キャパシティの広がりにもつながっている。こうした点は、糸賀一雄が重症心身障害児とかかわる施設職員らとの体当たりの関係から見出した人間の「横（ヨコへ）の発達」（以下、「横の発達」）と

---

[6] 「非パースンのパースン化」ないし「再パースン化」といったとき、最も刺激的な取り組みとしては「浦河べてるの家」の当事者研究も広い意味で含めることができるのではないだろうか。例えば、当事者研究の最も特徴的な取り組みのひとつといえる「自己病名」は、専門家による診断によって背景に退けられた「自身固有の苦労」を取り戻す試みである。「自身固有の苦労」は、他者とかかわろうとするなかで生じる自らのパースンの位置づけにくさといえるだろう。「幻聴さん」と捉えることは「他の人の幻聴とは異なる他でもない私の幻聴さんに困っている自分（パースン）」を認めることである。なお、そのさい同様の苦労の経験をもつ仲間（ピア）との研究活動を通じて変わっているのは、苦労をしている本人というよりも、コミュニティの側であるという熊谷の指摘は慧眼であろう。「仮に本人の認知や行動が変わらなかったとしても、本人が抱えている苦労について周囲が知識をもち、本人の行動の理由が共感的に理解されたならば、それだけで多くの問題が解決することがあるのだ」（熊谷2017: 3）。また「当事者研究によって圧倒的に、そして確実に認知が変わるのは、「話す側」ではなくむしろ「聞く側」のほうなのです。……今まさに本人にとって障壁となっている人的環境の認知行動が、当事者研究によって大きく変わっていく。「話す側」からすると「環境側」が変化する」（熊谷・國分2017: 20）とも熊谷は述べ、変化するのは「環境側」、周囲のコミュニティの知識であると指摘している。これは岡村や原田らが述べる共鳴・代弁者の発生と共通する点であろう。

いう視点を、コミュニティの捉え方にも拡張していくことにつながるのではないだろうか。

　まずは「縦の発達」から確認しよう。「縦の発達」はいわば一般的イメージの「発達」であり、例えば赤ん坊がハイハイをするようになったり、立って歩いて走る等の身体的・運動能力の発達、および言葉が喋れるようになったり、数字やイメージ等の抽象的な物事を理解し使えるようになる知的な発達が「縦の発達」である。

　しかし、糸賀一雄は、とくに知的にも身体的にも重度の障害を合わせもつ重症心身障害児との日々のかかわりのなかで、人間の発達は「縦」だけではないと感じていくことになった。糸賀らが始めた近江学園に始まる複数の施設には、軽度の知的障害児から重症心身障害児まで分かれている。一方における、軽度の知的障害児は比較的単純な作業を身につけることができるため、清掃や食堂関係等に就職することができる。その意味で、「縦の発達」は施設の外（地域や社会）への「切符」のようなものである。それに対して、重症心身障害児にはそうした「縦の発達」はどうがんばってもある程度しか望むことはできない現実があった。それゆえ、糸賀は──「日本の知的障害児の父」と呼ばれる糸賀でさえ──、重症心身障害児には「縦の発達」は望めず地域社会からも受け入れられないため生涯を施設内で保護するしかないと考えていた。当時、糸賀は重症心身障害児を「永遠の幼児」と表現する等、「糸賀の重症児に対する見方が極めて、限定的なものであった」（垂髪 2021: 41）といえる。しかし、その後、糸賀は、関連施設長の岡崎英彦（医師）および研究主任の田中昌人（心理学）らとの「共創」（垂髪 2021: 93）によって、「横の発達」という、人間の発達のもうひとつの側面にかかわる福祉の重要性について確信をもったのであった[7]。

　こうした「横の発達」は、じつは障害のある人とのコミュニケーションにおいてのみ実現されるものではない。障害のある人とのコミュニケーションにおいて先鋭化されるだけであって、障害のない者同士のコミュニケーションにおいて、つまり年齢

[7]　糸賀個人ではなく、他の職員そしてさまざまな障害児との直接的な相互のかかわりのなかから「横（軸）の発達」が展開してきた詳細については、垂髪（2021）を参照。展開の過程においては、「横へのふくらみ」（垂髪 2021: 76）、「"よこ"への育ち」（垂髪 2021: 81）、「横の広がり」（垂髪 2021: 88）といったさまざまな名称が人によっても時期によっても異なっており、相互に影響し合っていたことを踏まえて、垂髪は＜ヨコへの発達＞と表記をまとめている。

や国籍等のコミュニケーションに関与する人の特性如何を問わず、あらゆる人がそのつどのコミュニケーションをとおして実現できるものだといえる。いいかえれば、「共感の世界」を形成していく力、人との関係を生きようとする力、そういうものが「横の発達」だといえる。例えば、誰かと我を忘れて楽しくスポーツやゲームに取り組むときなど、本気でその場にかかわっているときには、相手が言葉として表明せずとも相手の思いが身体全体や表情などから伝わってきたり、自分が口に出していわないことまでも相手が自分の思いをわかってくれている、それをお互いがわかっている、そういう「通じ合った」経験の積み重ねが「横の発達」であるだろう。こうした「横の発達」を、人間のもうひとつの発達として見逃してはならないと糸賀から学ぶことができると思われる。

　仮に人間には「縦の発達」しかないのであれば、例えば20歳ぐらいをピークとして以後は「下り坂」でしかない。もし「縦の発達」しかなければ、老化は個人にとって「下り坂」、高齢化は社会にとって「下り坂」の象徴でしかなくなってしまう。しかしながら、「横の発達」ということがもし人間のもうひとつの発達だとすれば、何歳になろうとも高齢者がどれだけ増えようとも、「下り」一方通行とイメージする必要はまったくない。

　この「横の発達」の視点を、地域そのものや地域福祉の研究に組み入れることが必要と考えられる。現在、地域社会、とくに自治会町内会等には防災や防犯、孤立・孤独防止や、介護予防などのいろいろなことが「地域の大切さ」の指摘とセットで求められている。「課題解決力」がまさに地域に求められているが、いわば「縦の発達」に着目した地域の捉え方がみられるといえよう。現に地域の課題解決力に優れている地域がみられる。しかし、もし「縦の発達」（課題解決力）ばかりが期待され、その側面が過度に重視され地域住民も自らの地域を作ろうとしてしまえば、スタートダッシュは成果を収められるかもしれないが、持続可能ではなくなるおそれがある。

千葉市美浜区に幸町1丁目というまちがある。過去に3度の「内閣総理大臣賞」受賞経歴[8]があることからも、すぐれた課題解決力があるまちだといえる。本書では詳細を述べる余裕がないが、このまちではケーブルテレビ、防犯、防災、環境美化、買物が困難な高齢者のための市場の開催、高齢者の生活サポート（（住民主体による支援）訪問型サービスB）とミニデイサービス（通所型サービスB（住民主体による支援））、コミュニティカフェといった多岐に渡る活動の多くが10年以上に渡っておこなわれ、まちのニーズに応じて新しい活動団体が立ち上がってきている。中心メンバーが70歳代であるため、メンバーの老化や転居等による参加人数の減少もあるが、新しい担い手がみつかり参加者が激減することがない。なぜ、このまちの活動は多様な活動が継続され、しかも高い課題解決力を保っているのか。詳細な分析は今後の課題であるため仮説の域を出ないが、筆者なりに10年にわたって活動を見学・参加するなかで、またリーダーの蟹江将生氏[9]の話を伺うなかで考察すると、このまちのリーダー層は課題解決に取り組むなかで、活動自体が楽しいことはもちろん、まちの人から感謝される等のやりがいも感じられること、参加した住民同士が人とのつながりを実感できることを意識しているようである。活動に参加するたびに、上記の複合的な経験があると、自然とより活動の「深みにはまっていく」と蟹江氏は述べる。おそらく活動のなかで「同じ経験」を積み、次第に「仲間」になっていく過程で、「意気投合」するメンバーとの出会いがある。それがメンバー同士の「横の発達」であり、「地域における包摂」の基盤を成し、数多くの地域課題解決につながる活動の原動力となっているのではないかと感じている。

　「縦の発達」と「横の発達」は、縦か横かの二者択一ではない。縦も横も一緒に発

---

⑧ 1度目は、まち独自のケーブルテレビ（CTS）が「（集団の部）ふるさとづくり大賞　内閣総理大臣賞」（1999年。公益財団法人あしたの日本を創る協会（当財団法人は2009年まで内閣府所管の財団法人））を受賞（http://www.ashita.or.jp/publish/furu/f2000.htm）。2度目は、防犯パトロール隊が「安全・安心なまちづくり関係功労者　内閣総理大臣表彰」（2011年。警察庁生活安全局生活安全企画課）を受賞（https://www.npa.go.jp/safetylife/seianki55/news/doc/23sourihyousyou.pdf）。3度目は、自治会町内会長のサポート役兼地域課題解決の指揮・実行部隊である「幸町1丁目コミュニティ委員会」が「あしたのまち・くらしづくり活動賞　内閣総理大臣賞」（2016年。公益財団法人あしたの日本を創る協会）を受賞（http://www.ashita.or.jp/publish/furu/2016.htm）。2021年には、同じく「幸町1丁目コミュニティ委員会」が総務省「令和3年度ふるさとづくり大賞　総務大臣表彰」を受賞した（https://www.soumu.go.jp/main_content/000789377.pdf）
⑨ 氏名の掲載はご本人の承諾を得ている。

達するようなそういう地域のありようは可能であるし、これから日本全体に求められる地域の姿かもしれない[10]。

　本章冒頭でも言及したように、地域生活課題を抱え困窮している人の共鳴者や代弁者が地域住民のなかに増えることが「ケアリングコミュニティ」の形成につながっていくのであり、「ケアリングコミュニティ」の形成は地域福祉の基盤づくりであり、それは糸賀が述べた「横の発達」をコミュニティ形成の視点に据える可能性を切り開くものと考えられるのではないだろうか。

[10] 「発達」に「縦」と「横」が考えられるように、「能力」にも「縦」と「横」が考えられるだろう。「縦の能力」はいわゆるアビリティ（ability）であるのに対して、「横の能力」はキャパシティ（capacity）といえる。前者が、他の個人との比較において他の人とは異なって当該個人が個体内に有する「できる」こととして主張しうる個体的能力観に立脚しているのに対して、後者は、そのつどかかわる相手によって感じられる能力として、周囲の人間とのかかわりのなかで発見される関係的能力観に立脚している（こうしたキャパシティについては、足立 2003: 98-9参照）。幸町1丁目において、さまざまな活動の積み重ねがメンバー間の「関係を育てる」、と同時に関係の束としての「まち」を耕し手入れをした土壌が肥沃になってきたことが、「まち」の「横の発達」と捉えられるのではないか。

# 第6章
## 現代社会の福祉的課題の把握に向けて

# 第1節　「人間のための社会」に向けた社会福祉は
いかにして可能か

## ○アリーセ・ザロモン

　ここまで本書では、ルーマンの包摂／排除−図式を手がかりとして、現代社会における構造的帰結として排除の問題が発生し、また大量の排除が生まれ累積的排除が出来する傾向が現代社会には内在しており、こうした排除の問題を担当する機能システムとしての社会福祉の存在意義について述べてきた。しかしながら、こうした現代社会における社会福祉の捉え方をしているのはルーマンだけではない。こうした見方の原型ともいえる視点は、ドイツにおける社会福祉事業の実践の先駆者の最重要人物のひとりと目されているアリーセ・ザロモン（Alice Salomon, 1872-1948）女史によってすでに提起されていたともいえる。少なくとも、ザロモンの延長線上にルーマンの視点が十分に位置づけられるとするSoziale Arbeit研究者としてクレーヴェが挙げられる。

　クレーヴェ（2004）によると、アリーセ・ザロモンはユダヤ人であったがゆえに1939年にナチスに追われてアメリカに亡命し、アメリカにて1948年に亡くなる波乱の人生を送った女性である。自ら創立したAlice Salomon Hochschule Berlin（ASH-Berlin）というベルリンに立地するおよそ100年の歴史を持つ社会福祉の伝統的な大学名に、アリーセ・ザロモンは現在もその名を残している[①]。

　ザロモンはより良い福祉事業の実践のためには、生活に困難を抱えている人びとを生み出している社会そのものの分析、つまり経済や政治や教育や家族など社会のさまざまな領域についての分析が不可欠であるとみていた（Kleve 2005）。ザロモンは、社会福祉が取り組む問題が、社会の多種多様な分野にまたがっている複合的な問題であると捉えている。つまり、貧困が問題であるとしても、それは経済だけの問題なのではなく、家族や教育にもかかわっている問題であり、貧困問題

---

① アリーセ・ザロモン大学ホームページ（http://www.ash-berlin.eu/）。ちなみに、日本の社会事業の先駆者である淑徳大学学祖の長谷川良信は、1922年のドイツ留学のさいにこのアリーセ・ザロモン大学で学んだ（長谷川 1992: 92）。長谷川良信とアリーセ・ザロモンとのあいだに直接の交流があったわけではないようだが、長谷川の「人間開発」および「社会開発」の視点とアリーセ・ザロモンの基本的視点は深いところで通底しているように思われる。

が家族問題や教育問題と深くかかわるとザロモンはみている。こうした社会福祉の「超学際性 (Transdisziplinalität)」(Kleve 2005: 11) とでもいうべき点を、ザロモンは強調している。さらに、ザロモンは、社会福祉の援助を考えるさいに、その対象となる人間を、その心理的な側面、身体的な側面および社会的 (人間関係的) 側面といった複合的な視点から捉えようとしている。貧困であることが社会的な原因をもつものであっても、そうした問題に対処するさいには社会的な原因だけを断ち切っても十分ではなく、貧困に由来する心理的なプレッシャー、不安、および身体的な不健康をも支援することが社会福祉には求められるとザロモンはみているといってよい。そして、こうしたザロモンの視点を、現代社会における社会福祉研究へと媒介しているのがルーマンの視点であるとクレーヴェは捉えている。つまり、クレーヴェは、ルーマンの機能分化社会の分析が社会福祉研究にとって重要であると同時に、コミュニケーション・システム、心理システム、身体の複合として人間を捉えるルーマンの視点が、先述したザロモンの視点の現代的バージョンといえる可能性を指摘している。

## ○個人の幸せと社会の発展の同時的追求

　以上の議論から展望的にみえてくると考えられる社会福祉の課題は、個人の幸せと社会の発展の同時的な追求という点にまとめられるのではないだろうか。いいかえれば、人間の複合性が社会によって育まれる社会化の実現、および社会の複合性が人びとのコミュニケーションによって高まる包摂の実現、つまり人間と社会の相互浸透の実現である。なんらかの生活の困難を抱えた個人を社会福祉をとおして援助することが、回り回って社会の発展や複合性の増大を促す社会福祉の論理を明らかにすることが、社会福祉の原理論的な探求に求められているといえよう。

　現在、日本に限らず世界の国々で、新自由主義的な政策によって社会福祉にかかる費用が抑制される傾向にあるのは、社会福祉の援助の増大と社会の発展 (と

くに経済的な発展）が齟齬するといわないまでも、「一部の弱者を相手に、余計な
お金（税金）を投入するもの」として社会福祉の意義が暗に疑問視されているから
だといってよいだろう。つまり、「自立」できない弱者を支援する社会福祉は社会の
「（経済的な）発展」を阻害するという論理がまことしやかに論じられている。

　こうした現状で、社会福祉が個人の幸せを支援すると同時に社会の発展を促す
ということはいかにして可能かが問われなければならないだろう。ここで注意しな
ければならないのは、社会福祉による個人の幸せの支援と社会の発展は同時進行
である点である。ザロモンは、福祉事業がその対象となる人のためだけではなく、
社会の発展にもつながることを明らかにしようとしていた。

　　　福祉事業は、古典的国民経済学あるいは生物学的世界観が考えるよう
　　に、人類と文化の発展を妨げるのではなく、福祉事業は生存競争への個
　　人の適応を助けることによって、人類および文化の発展をうながすのであ
　　る。共同性への、協力への志向こそ、実ははじめて人間を人間たらしめ、そ
　　れのみが人間に生きることを可能とするのであるが、同時にそれが福祉事
　　業において、人間社会にとって貴重で欠くべからざる道徳を発展させ、深
　　い人間の本能と魂の尊さを表現し、また働かせるのである

　　　　　　　　　　　　　　　　　　　（ザロモン［増田ら訳］　1972: 15）。

　このようにザロモンは、福祉事業がもつ社会を発展・開発するちから、および人
間を発展・開発するちからの同時的な発展・開発を担うのが社会福祉（福祉事業）
であるとする見方を基礎づけようとしていた。いいかえれば、人間的な可能性の実
現に資することが社会的なもの（制度、習慣など）の存在理由なのであり、そうした
人間的な可能性の実現は他者とのかかわり、もっといえば「関係性」の気づきを相
互にえられるかかわりをとおしてのみ可能であるという立場を、ザロモンは打ち立て

ようとしていると考えられる。いわば「人間のための社会」を可能にする社会福祉のあり方、社会のあり方をめざしているといえるだろう。

　しかし、こうした観点からみると、とくに第1章で確認した現代社会における排除の増大という現状は、「人間のための社会」ではなくて、むしろ反対に「社会のための人間」という様相を顕わにしているように思われる。とくに少数の者が富を手にすることが、その他の大多数の人びとの窮乏を前提としているのならば、そうした現代社会が追求している合理性は人間無視の合理性といわなければならない。

## ○社会福祉の意義

　こうした現代社会において、社会福祉がもつ意義はいったいなんであるのか。社会福祉はいかなる正当性をもって現代社会にその位置を占めているのか。本書でこれまで述べてきたことを前提とするならば、少なくとも社会福祉は、現代社会の諸機能システムがその合理性を追求すればするほど生み出される排除を担当することによって、人びとが親しい人との親密な関係を基盤として、それ以外の見ず知らずの他者たちのさまざまな活動に依存して生活を送ることができる、社会の根幹を支える営み（Arbeit）なのである。社会福祉は、社会福祉の援助を必要としている人びとの存在を絶えず照らし出し、絶えずそうした人びとの存在にアンダーラインを引き、社会全体に絶えずアピールすることが重要な使命である。このことこそ社会福祉の包摂の主眼であるといえよう。

　先進国で広くみられるように、社会福祉にかかる予算が縮小していったとしてもそれが「社会福祉の失敗」なのではないし、また社会福祉の援助を必要とする人びとが増大してしまう現状や、そうした社会問題を解決できないことがただちに「社会福祉の失敗」の証左として断じられてはならない。社会福祉は、社会福祉の援助を必要とする人びとの存在を社会に申告すること、およびそうした人びとの「声」を聞こうと日々かかわっている専門職者や家族や地域住民がいることを社会に申告

しつづけていくことがその第一の使命なのではないか。(潜在的な) 要援助者の存在に気づき、要援助者をみつけ出し、その存在を受け止め、包摂要請に照らして容認できない排除の現実を社会へ申告することが、社会福祉による包摂の要諦であると考えられる。したがって、社会福祉の支援を必要とする人びとの (発見の) 増大は、むしろ社会福祉が機能していることの証として解されなければならないだろう。

## 第2節　今後展開されるべき残された課題

　以上、現代社会福祉がおかれている立ち位置を包摂／排除─図式を手がかりとして理論的に確認してきた。ここで本書を締めくくるにあたって、今後の研究にとって必要であるものの、本書では十分に論じることができなかったいくつかの点を確認したい。

### ○地域福祉や地域包括ケアへの展開

　第一に挙げられるのは、本書の視点の地域福祉や地域包括ケアへの展開である。詳しくは第5章で述べたが、合わせて3点の確認と追加をしたい。1点目は、地域福祉であれ地域包括ケアであれ、大きな課題のひとつは、支援が必要な状況と (周囲または本人が) 判断されうるにもかかわらずまだ支援が届いていない人をいかにして発見するかという点である。この課題も包摂／排除の問題圏のひとつと考えられる。すでに病院や訪問看護ステーションや福祉施設や行政といったなんらかの専門機関による支援や諸制度利用による支援を受けている地域住民は、それらの機関 (組織) やなんらかの制度にとっての「社会的アドレス」をすでに獲得しているから、包摂が生じており、支援を受けることができている。もちろん、制度の不十分さなどの課題もあるけれども、現在の地域福祉や地域包括ケアにおける最大の

課題は、支援を必要とする身体的・経済的家族関係等の状況であるにもかかわらず、専門機関によっても近隣住民にとっても「まだ発見できていない、潜在している」住民を、いかに発見できるかであろう。厚生労働省が示す「地域包括ケアシステムの姿」[2]の中心に位置する高齢者は、いわばすでに地域包括ケアにおいて「社会的アドレス」をもち包摂されているといえるが、その背後（裏面）に、内閣官房孤独・孤立対策担当室[3]が取り組む「望まない孤独」や孤立（高齢者に限らない）の潜在する人びとが多数いると考えられる。そうした人びとをどのように発見できるかを考えると、専門職だけでは困難であろう。

　第2章で取り上げたマースは、こうした課題にとって「要求」というコミュニケーション・メディアが機能することで、支援を受ける側にとっては支援を受ける権利として、同時にSoziale Arbeit専門職者にとっては法的に規定された業務として、双方の側で「支援関係」が動機づけられかつ受容されると捉えた。いいかえれば、支援者と被支援者の双方の側での「支援関係」の期待可能性の創出と安定化が果たされている、と理論的にまとめられたわけであった。しかしながら、マースは専門職的なSoziale Arbeitの守備範囲を限定的に捉えているため、上記のような、いわば法的に未整備な点が多く、権利関係や財源や管轄範囲が不明確な地域福祉や地域包括ケアに適用することは難しいと考えられる。つまり、マースの議論は専門職的なSoziale Arbeitが主たるテーマであり、地域福祉や地域包括ケアのような文脈にはそぐわない部分があると思われる。支援の必要性が明確でない住民に対する支援（周囲の者からみて必要といえば必要だが、本人からみて不要といえば不要といえる、どっちつかず）の状況にとっては、マースが提起した「要求」というメディアは適用しがたい。地域福祉の文脈に適用できる「要求」に代わる独自のコミュニケーション・メディアは何かというテーマを追求すべきかもしれないが、現時点の筆者ではまだわからない。いずれにしても、「支援が必要な住民」と「支援する準備がある住民」と「支援と無関係に暮らしている一般の地域住民」と「地域に

② 厚生労働省「地域包括ケアシステム」https://www.mhlw.go.jp/seisakunitsuite/bunya/hukushi_kaigo/kaigo_koureisha/chiiki-houkatsu/dl/link1-4.pdf (2023/11/13)

③ 内閣官房　孤独・孤立対策担当室」https://www.cas.go.jp/jp/seisaku/kodoku_koritsu_taisaku/index.html　(2023/11/13)

かかわる専門職者、行政職」らのあいだで、支援を必要とする人が「支援を受け入れる心構え」（支援が提案されても拒否しない）と「支援する動機づけ」（支援を必要とする人に支援を申し出る）の「橋渡し」をおこなう社会的なしくみをいかに作り出せるかが、理論的に導かれる課題のひとつである。

　2番目は、第5章で扱ったテーマである。短めに再度確認をすると、要介護高齢者等の支援を必要とする者は、「できなくなった人」と捉えられがちになり「送り手性」がきわめて切り詰められた「パースン」として扱われがちである。つまり、医療や介護の対象として「包摂」されているのだが、ややもすると医療ないし介護のみの「単一包摂」に押し込まれやすくなり、そうなってしまえば、アーヴィング・ゴフマン（Erving Goffman）のいう「全制的施設（total institution）」のような排除的な（それ以外のあらゆるアドレス剥奪的な）意味になってしまうだろう。専門職のはたらきは必要不可欠なのだが、専門職者とのコミュニケーションが生活の大部分になってしまい、「素人」から気ままに質問や発言をしたり、専門分野に無関係の世間話をつづけにくいと、「送り手性」が剥奪された「パースン」になりかねない。とくに高齢者の場合は「できない」ことがあると、「もうできないこと」という捉え方がなされがちである（それと比べると幼児の「できないこと」は「まだできないこと」と捉えられがちである）。そこで、住民の積極的な役割が出てくるのではないか。地域福祉や地域包括ケアの文脈では、地域住民への期待（「ご近所」同士の助け合い）が語られるが、行政や専門職では手が届きにくいところの「間に合わせ」のような役割しか、住民には（期待され）ないのだろうか。そうではないと考えられる。住民同士だからこそ、支援を受ける側の住民との過去の記憶、地域のイベントの思い出等を語り合うこと等から、現在は「非パースン」になってしまった部分を「再パースン化」することができるのではないだろうか。こうした着想のきっかけとなっているのは、筆者が10年来、関係をつづけている千葉市美浜区にある幸町1丁目地区（千葉市第36地区町内自治会連絡協議会）および「幸町1丁目コミュニティ委員

会」というユニークな組織のメンバー約50名による多岐に渡る活動である。リーダーの蟹江将生氏をはじめとする多くのメンバーによる多様な活動の網の目が、地域の住民とのつながり（お互いの（非）パースンの（再）発見）を、いいかえればミクロな包摂を、地域内のあちこちで起こしており、それらが「包摂運動」と捉えられるかどうか今後の課題としたい。その他、原田正樹の「ケアリングコミュニティ」論との関連づけやルーマン理論のごく一部を自力で日本の地域福祉研究に活かそうとする松端（2018）の果敢なチャレンジとの接続点の検討も課題のひとつである。

## ○相互浸透の反対概念の検討

　第二に、社会学的システム理論の理論的検討部分として、相互浸透の反対概念が必要ではないか。第2章で述べたように、ルーマンが排除の概念を提起したのは、先行するパーソンズには包摂概念しかなく、包摂の反対概念がないために、現代社会にとって環境問題と並ぶ重要問題である排除の問題を見定めることができないことを批判的に捉えたからであった。それと同じように、ルーマンは相互浸透（人と人との相互浸透を含む）を、かかわる両者（両システム）にとっての複合性の増大、いいかえればお互いがかかわることによってお互いが「できることが増えること」をいい表している。

　しかしながら、相互浸透とは反対の事態、つまり両者がかかわることによって「できることが減る」ないし「できないことが増える」ことを表す概念が、現代ではより必要になってきており、そうした事態を捉える概念の必要性がますます高まっていると思われる。端的にいえば、差別や冷遇といった事態である（もしくは戦争も含まれるかもしれない）。

　さらに、ルーマンが相互浸透を「社会化」と「包摂」に分けて捉える考え方を、この新たな対概念の検討に敷衍することもできるだろう。一方では、個人が社会の複合性を減じる関係と、他方では社会が個人の複合性を減じる関係が考えられる。

前者は例えば、企業において「産休や育休」を社員が取得する場合に、企業が稼働能力にダメージを受ける場合である。もちろん産休や育休は法的権利であるからそれでダメージを受ける企業側の体制に問題があるのは当然だが、現に取得しづらい状況や実際に軋轢が生じていることを考慮すると、そうした事態を捉える概念があってよいだろう。

　後者は例えば、要介護高齢者のいわゆる「残存機能」（立てる、歩ける、食べられる、排便コントロールできる等）を、家族や施設の余裕のなさゆえに「寝かせきり」にさせてしまうことによって、まったくできない状態をかえって招来してしまう場合などが想定される。

　ルーマンは、包摂の反対の事態を示す対概念として排除を新たに使用可能な概念に彫琢したことで、本書で述べてきたとおり、数々の研究を鼓舞した。仮の話だが、ルーマンの寿命がもう少し長ければ、相互浸透の対概念も明らかにしたのかもしれない。

## ○ルーマンの組織論の検討

　最後に第三に、組織（Organisation）に関するルーマンの考察をほとんど論じることができなかった点である[4]。第3章で述べたように、機能分化した現代社会の人びとの生活にとって組織の重要性が増大している。多様な機能システムは、必ずそれぞれに関連の深い組織を形成している。それぞれ一例を挙げれば、経済システムであれば企業であるし、政治システムであれば政党であるし、法システムであれば裁判所であるし、教育システムであれば学校であるし、科学システムであれば大学であるし、宗教システムであれば教会（ないし寺院）である。現代社会における主要な包摂は、具体的にはこうした組織への包摂である。現代の人びとは、こうした多様な組織にかかわることをとおして多様な機能システムに包摂されているのであり、こうした組織への包摂がすなわち機能システムへの包摂に直結している。

---

[4] ルーマンは、2000年に『組織と決定』(Luhmann 2000a)を著しており、そのなかで組織における包摂／排除について論じている。詳しくは佐藤俊樹(2023)のⅢの2、(2023a)の第3章。

例えば、企業に就職しそこで所得を得ることができることが経済システムに包摂されることに他ならない。したがって、現代社会における包摂を論じるにあたっては、組織と人間の関係に関する考察が不可欠である。本書第1部では、主に社会全体の規模の水準での、機能システムにおける包摂と排除を主なテーマとして議論を進めてきた。こうした議論を踏まえたうえで、それぞれの機能システムに関連の深い諸組織の水準における包摂と排除に関する理論的観点の整理、そしてさらには組織の水準に焦点を当てた経験的・理論的な研究が今後の課題である。

　組織における包摂と排除に関する研究にとってとくに重要なのは、累積的排除の問題の解決に向けた経験的研究である。この問題を分析するにあたってのキーワードは、「排除のキャリア」あるいは「包摂のキャリア」である。個人の歴史を振り返ってみて、その人の現時点の包摂と排除のありようが、他の時点での包摂と排除によっていかなる影響を受けているかを捉える視点である。第1章で紹介した、銀行支店長からホームレスになった「おっちゃん」を例にすれば、ホームレスという現時点での排除が、過去の包摂／排除といかなる関係にあるかを解釈することによって、そのなかで見出される排除と排除の連鎖、つまり「排除のキャリア」をいかに断ち切るかが社会福祉の課題である。さらに、現在の排除の状態からいかなる組織への包摂が可能かを当人が考え行動できるようになるチャンスをしつらえる専門職者の介入が、社会福祉の課題であろう。

　最後に、日本の社会福祉を舞台として本書の視点がどのように接続できるかまでに及んでいないことも、やはり課題である。

## ○「人格保障」としての包摂へ向けて

　本書をとおして十分に論じられなかった部分もある。例えば、本書では機能性の次元の包摂と区別した政策的な包摂の取り組みについてほとんど論じてこなかったが、もちろんそうした取り組みをまったく軽視ないし否定するものではない。第1

章でも述べたとおり、機能性の次元にかかわる問題（衣食住や職などの基本的生存にかかわる諸問題）のほうがみえやすく、また早急な対応が求められる。そうした対応と同時に、現場で直接かかわる人びとが感じていると思われるもうひとつの課題を、本書はコミュニケーションにおける伝達者としての期待の喪失ないし人格的な関係の喪失としての（コミュニケーション論的）排除と捉え、そこで求められる支援をコミュニケーション論的包摂、そして「人格保障」としての包摂と見定めて論じてきた。

　本書の底流にある問いは、現代社会の機能分化という構造のもとで、われわれはこれからもお互いに支援し合うことが果たしてできるのか、という素朴といえば素朴ながら、累積的排除に脅かされる人がますます増大する現在において、ならびに多様な課題解決がますます期待される地域の住民や諸団体にとっては避けられない問いになっていると考える。こうした大きな問いを前にして、援助や支援のしくみ云々を論じることと同程度に、一方では現代社会の実相を捉えうる理論的言語を備えたなんらかの社会の理論（Theorie der Gesellschaft）が、他方では機能性だけでは捉えられない「関係性」を視野に収めた人間観の確認が必要であると考えられる。本書は前者を社会学的システム理論が提示する機能分化社会の理論に、後者をルーマンの人と人との相互浸透やフックスの「包摂システム」、そして人間関係学の「関係性」の視点に求めた。この結果、排除はなによりもコミュニケーションにおける伝達者として期待される、人格的な関係を結ぶ相手との関係の喪失であり、包摂はそうした人格的な関係を支える「人格保障」であると考えられ、そのひとつが「非パースンの（再）パースン化」として捉える必要があると考えられる。

　自らの「声」を諦めずに聞こうとしてくれる相手がコミュニケーションに迎え入れてくれることによって、われわれは社会的アドレスを獲得し、そのときのコミュニケーションにおける「送り手」ならびに「受け手」として存在することができ、声を発する勇気をもつことができる。反対に、発信できないと思われがちな相手であっ

ても、その人の一挙手一投足からその「声」を聞こうとすることによって、われわれは「送り手性」ならびに「受け手性」を相手に与えコミュニケーションに迎え入れることができる。

　いまほど「送り手性」や「受け手性」を「与える」や、コミュニケーションに「迎え入れる」と表現したことは、社会学的システム理論の表現としては適切ではない。なぜなら、一方の人間が他方の人間にコミュニケーションを介して何かを与えたり、そこに迎え入れることはできないと考えるからである。この意味では、二人の人間のあいだにはコミュニケーション・システムという「断絶」があるのだが、コミュニケーション・システムがあるから人間同士が直接「与え」たり「迎え」たりできないのではなく、逆であると思われる。コミュニケーション・システムが立ち上がっているから、われわれは相手に何かを与えようとしたり、迎え入れようとしたり、相手とかかわることを意欲したり、期待したりすることができるのである。むしろそうした「断絶」や「違い」の自覚によって、われわれは相手と相互に人格的な関係を始めることができるのではないだろうか⑤。

　そうして互いの人格性を「間身体性」（竹内 1999: 75）として相互に感じ合うことができるコミュニケーションの積み重ねが「横（ヨコへ）の発達」であり、「人格保障」を可能にすると捉えることができるだろう。いわば相互に人格的な存在としてかかわりあう「人格保障」としての包摂は、「誰かが誰かを包摂すること」ではなく、「私があなたを包摂しようとしたら、あなたも私もともに包摂される」こととして、または「お互いがコミュニケーションの不可欠な相手として『声』をかけずには、聞こうとせずにはいられない」ような関係として現象すると考えられる。

⑤ ここに木村敏の「あいだ」とルーマンのコミュニケーション・システムの接点が、それ以上に木村の臨床哲学を支える西田幾多郎（1870-1945）とルーマンの接点につながるポイントがあるかもしれない。

# おわりに

　本書は、2011年3月に淑徳大学大学院総合福祉研究科に提出した博士学位請求論文『社会福祉研究における包摂／排除―図式の射程』を元に、大幅な加筆修正や再構成し、まとめ直したものである。

　第5章は以下の既発表論文を、大幅に書き直し収録した。

　本多敏明、2022「地域コミュニティにおける包摂についての概念的検討――コミュニケーション・システム理論における『非パースン』の位置価――」淑徳大学研究紀要（総合福祉学部・コミュニティ政策学部）56、181－192.

　筆者は学部3年生の終わりごろからルーマンの理論に接し、「自分に必要な何かがある」と直感し、それが「何か」のまま、現在に至っている面があり、恥ずかしい限りである。ルーマンの「しっぽ」を掴んだかのように思える瞬間はこれまで何度かあったが、「わかった」と感じたことはない。そんな筆者だが、大学院で早坂泰次郎の人間関係学に出会い、そのベースにある関係論的発想がルーマンと近く（「関係性」と「人と人との相互浸透」等）大事にすべきものがあると感じたため、両者をどうまとめるかが課題となった。その後、社会学的システム理論（自身では「意味システムの一般理論」と呼ぶ）として著名なフックスが2010年に「包摂システム」の論文草稿（ほぼ完成版）をウェブにアップしたことで、筆者なりのブレイクスルーが可能になった。それが博士論文につながった。

　本書の出版にあたっては本当に多くの方々に謝意を示さなければならないのだが、それだけで日が暮れてしまうため、数名に限らせていただくしかない。まずは「恩師」のお二人である。大学院よりお世話になった故・佐藤勉先生（東北大学名誉教授、元淑徳大学教授）には、博士論文の締切に向けてご自宅の仙台から電話や手紙でご指導をいただいていた折、2011年3月11日に東日本大震災が起きた。先生の安否確認もできず執筆もままならなかったが、3日後の夜に「被災者」である佐藤先生から掛かって来た電話の一言目が「お前、論文ちゃんとやってるか」と、仙台に比べてはるかに安全な千葉にいる筆者

の方が一方的に心配をされた。いかにも「ベン先生」らしいと当時の院生仲間と笑いあったことが懐かしい（後から分かったことだが、まだ停電・断水・ガス停止中だったにもかかわらず）。その他にも、かつてドイツのルーマンを訪ねルーマンのゼミに同席することになったベン先生が、「ゼミは英語とドイツ語どちらでやったほうがよいか」とルーマンから尋ねられたさい、「日本語で」とすぐさま返したところ、「ザトー（佐藤（sato）はドイツ語でそう発音する）以外に誰もわからないよ（笑）」と笑われた話は、研究上の意味は1ミリもないが、とても好きなエピソードだ。ベン先生は私の「常識」が通用したことが一度もない、まさに「師」だった。

もうお一人は大学院時代から現在もお世話になっている足立叡先生（淑徳大学名誉教授）である。「人間関係オンチ」の筆者が多少なりとも人と関わることへの一歩を踏み出せたのは足立先生のおかげである。「存在すれども機能せず」という言葉と、足立先生の私を含む周りの人たちにの関係を生きる「存在の仕方」をみせていただいた。足立先生という存在が放つ「現物教育」によって本書の根幹は支えられている。

副査として博士論文審査に携わってくださった、松田苑子先生ならびに田中一彦先生にも感謝を申し上げたい。本書の執筆にあたって、審査当時に頂戴したコメントを読み直し、（まだ応えられない課題が多いが）真摯で的確なご指摘は現在の課題にもなおアクチュアルなものであり、先生方の学問的姿勢に改めて尊敬の念を禁じ得ない。

本書は、筆者の大学院での学びと多くの出会い（とくに阿部孝志先生（敬愛短期大学）、井上敦先生（杏林大学）、静間宏治先生（淑徳大学兼任講師））も、その後のコミュニティ政策学部教員としての日々もすべて「淑徳大学」の縁で成り立っている。山本功先生、青柳涼子先生をはじめとして同僚として受け入れてくださったコミュニティ政策学部の先生方、他学部の教職員や千葉図書館の皆さん、そして授業やゼミで出会う学生との日々が「淑徳大学で教育・研究に携わる意味」を筆者に問いかけ、教えてくれるものであった。本書は「淑徳大学研究叢書」の出版助成を受けて刊行された。大乗淑徳学園理事長の長谷川匡俊先生、淑徳大学学長山口光治先生にまず御礼申し上げたい。コミュニティ政策学部長芹澤高斉先生、同学科長日野勝吾先生には貴重な機会とバックアップをいただき、感謝申し上げたい。とくに大学院時代から引きつづきご指導いただいて

いる総合福祉学部の米村美奈先生と結城康博先生にも御礼申し上げたい。米村先生には、本書の骨子に悩む筆者を対話型の「産婆術」で助けていただいた。米村先生との会話のたびに「サンバ」のリズムが聞こえてくる気がするのは筆者だけではないはずだ（内輪ネタだ）。

　本書の編集・出版にあたっては、風鳴舎の青田恵氏にも大変お世話になった。本書のようなテーマも一冊に加えていただいた懐の広さに御礼申し上げたい。

　本書のテーマである、排除にしろ包摂にしろ、施設や路上や在宅といったさまざまな現場での取り組みが根幹である。本文や上記の方々以外にも、10年以上前の数回だけだが認知症高齢者のボランティアとして受け入れてくださったさいに、その存在感で高齢者の方々の穏やかな日々をユーモア豊かに、そして体を張って支えていらっしゃる「いしいさん家」の石井英寿さん、制度外の障害者の楽しみ活動事業「楽まる」をとおして唯一無二の「お兄さん」として存在しつづける吉野徹さん等、これ以上はお名前を挙げられないが、日々奮闘なさっている方々の書籍やSNSでの発信にも、本書は多くを負っているので、本書の一文でも、そうした方々になにかしら報いるもの、もしくは労いとして届くものとなっていれば望外の喜びである。

　最後に、博士論文執筆時に出会ってからいつも応援してくれる妻、3人の子どもたち、そして両親にもお礼を述べたい。

2023年12月

本多　敏明

# 文献

阿部彩,2002「貧困から社会的排除へ:指標の開発と現状」『海外社会保障研究』Vol.141,67-79

———,2007「日本における社会的排除の実態とその要因」『季刊・社会保障研究』VOl.43 No.1,27-40

———,2011『弱者の居場所がない社会』講談社現代新書

阿部志郎,1997『福祉の哲学』誠信書房

———,2004『地域福祉のこころ』コイノニア社

足立叡,2003『臨床社会福祉学の基礎研究[第2版]』学文社

———,2005「社会福祉と人間理解——ソーシャルワーカーの視点を求めて」,足立叡編『新・社会福祉原論』みらい,1-17

———,2006「早坂泰次郎とその人間関係学——『関係性』の視点と『良心的エゴイズム』の克服」,畠中宗一編『現代のエスプリ』468号,73-81

足立叡編,2005『新・社会福祉原論』みらい

足立叡・佐藤俊一・宮本和彦編,1999『新・社会福祉学——共存・共生の臨床福祉学を目指して——』中央法規

アジット・S・バラ／フレデリック・ラペール,2004『グローバル化と社会的排除　貧困と社会問題への新しいアプローチ』(福原宏幸・中村健吾監訳,2008)昭和堂

赤堀三郎,2021『社会学的システム理論の軌跡』春風社

アリーセ・ザロモン,1972『社会福祉事業入門』(増田道子・高野晃兆訳),岩崎学術出版社

公益財団法人あしたの日本を創る協会、「(集団の部)ふるさとづくり大賞　内閣総理大臣賞(1999年)」
　　http://www.ashita.or.jp/publish/furu/f2000.htm(2023/12/12)

———,「あしたのまち・くらしづくり活動賞　内閣総理大臣賞(2016年)」
　　http://www.ashita.or.jp/publish/furu/2016.htm(2023/12/12)

東浩紀,2023『観光客の哲学　増補版』genron

———,2023『訂正可能性の哲学』genron

馬場靖雄,2001『ルーマンの社会理論』勁草書房

Baecker, Dirk, [1994]2007, "Soziale Hilfe als Funktionssystem der Gesellschaft", in: ders., *Wozu Gesellschaft?*, Lambertus, S.206-236

Baraldi,Claudo/ Corsi,Giancarlo/ Esposito,Elena, 1997, *GLU: Glossar zur Niklas Luhmanns Theorie sozialer Systeme*, Suhrkamp.(=2013、土方透・庄司信・毛利康俊訳『GLU　ニクラス・ルーマン社会システム理論用語集』国文社)

Bardmann, Theodor, M., 2000, "Soziale Arbeit im Licht der Systemtheorie Niklas Luhmanns",in: Hagelstange, Helga, Gripp (Hrsg), in: *Niklas Luhmanns Denken: interdisziplinäre Einflüsse und Wirkungen*, UVK, S.75-103

Bardmann, Theodor/ Hermsen, Thomas, 2000, "Luhmanns Systemtheorie in der Reflexion Sozialer Arbeit", in: Merten,R., (Hrsg.), *Systemtheorie Soziale Arbeit: Neue Ansätz und veränderte Perspektiven*, Opladen:Leske+Budrich, S.87-114

Bommes, Michael/ Scherr, Albert, 1996, "Soziale Arbeit als Exklusionsvermeidung, Inklusionsvermittlung und/oder Exklusionsverwaltung", in: Merten Roland/ Sommerfeld,

Peter/ Koditek Thomas(Hrsg.), *Sozialarbeitswissenschaft - Kontroversen und Perspektiven*, Luchterhand, S.93-119

――――/――――,2012,*Soziologie der Sozialen Arbeit. Eine Einfürung in Formen und Funktionen organisierter Hilfe.*, 2.Auflage ,Juventa.

千葉市第36地区町内自治会連絡協議会・幸町1丁目コミュニティ委員会、2023『40年のあゆみ　40周年記念誌』非売品

クリスティアン・ボルフ, 2014『ニクラス・ルーマン入門』（庄司信訳）新泉社

中央社会福祉審議会社会福祉基礎構造改革分科会「社会福祉基礎構造改革について（中間まとめ）、https://www.mhlw.go.jp/www1/houdou/1006/h0617-1.html（2023年11月1日取得）.

Eugster, Reto, 2000, *Die Genese des Klienten: Soziale Arbeit und Systmtheorie*, Pal Haupt.

Farzin, Sina, 2006, *Inklusion/Exklusion. Entwicklungen und Probleme einer systemtheoretischen Unterscheidung*, Transcript.

Fuchs, Peter, 1993, *Moderne Kommunikation, Zur Theorie des operativen Displacements*, Suhrkamp.

――――,1997, "Adressabilität als Grundbegriff der soziologischen Systemtheorie", *Soziale Systeme, Zeitschrift für soziologische Theorie*, H.3, S.57-79. Reprinted in ders., 2005, *Konturen der Modernität: Systemtheoretische Essays II*, Transcript, S.37-61

――――,1997a, Weder Herd noch Heimstatt Weder Fall noch Nichtfall. Doppelte Differenzierung im Mittelalter und supplementäre Inklusion in der Moderne, *Soziale Systeme, Zeitschrift für soziologische Theorie*, H.2, S.413-437. Reprinted in: 2005, in: ders., *Konturen der Modernität: Systemtheoretische Essays II*, Transcript, S.129-152

――――,1999, *Intervention und erfahrung*, Suhrkamp.

――――,1999a, „Das Exerzitium functionaler Differenzierung Vorbeleitende Überlegungen zu einem gewaltigen Forschungsprogramm", in: *Rechtstheorie*, 29, Heft 3/4, S.477-495. Reprinted in ders., *Konturen der Modernität: Systemtheoretische Essays II*, S.63-81

――――,2000, "Systemtheorie und Soziale Arbeit", Merten, Roland(Hrsg.), *Systemtheorie Sozialer Arbeit: Neue Ansätz und veränderte Perspektiven*, Opladen: Leske+Budrich, S.157-176

――――,2003, *Der Eigen-Sinn des Bewußtseins: Die Person, die Psyche, die Signatur.*, Transcript.

――――,2004, *Das System 》Terror《: Versuch über eine kommunikative Eskalation der Moderne*, Transcript.

――――,2011, Inklusionssystem. Vorbereitende Überlegungen zu einer Ethik der Amicalität, in: Dederich, Markus/ Schnell, Martin W. (Hrsg.), *Anerkennung und Gerechtigkeit in Heilpädagogik, Pflegewissenschaft und Medizin: Auf dem Weg zu einer nichtexklusiven Ethik*, Bielefeld, S.241-256

――――,2011a, Das Fehlen von Sinn und Selbst - Überlegungen zu einem Schlüsselproblem im Umgang mit schwerst behinderten Menschen, in: Fröhlich, Andreas/Heinen, Norbert/Klauß,Theo/Lamers, Wolfgang (Hrsg.), *Schwere und mehrfache Behinderung -*

*interdisziplinär*, Oberhausen Bd. 1, S.129-141

―――,2014, "Organisation und Communio – Zur Crux der Selbstbeschreibung von Organisationen als Familien", in: Olaf Geramanis/ Kristina Hermann (Hrsg.), *Organisation und Intimität: Der Umgang mit Nähe im organisationalen Alltag – zwischen Vertrauensbildung und Manipulation*, Heidelberg, S.11-24

Fuchs, Peter /Buhrow, Dietrich/Krüger, Michael, 1994, "Die Widerständigkeit der Behinderten. Zu Problemen der Inklusion/Exklusion von Behinderten in der ehemaligen DDR". in: Fuchs, Peter./Göbel, Andreas (Hrsg.), *Der Mensch: Das Medium der Gesellschaft*, Frankfurt am Main, S. 239-263

Fuchs, Peter/ Schneider, Dietrich, 1995, „Das-Hauptmann-von-Köpenick-Syndrom. Uberlegungen zur Zukunft funktionaler Differenzierung", in: *Soziale Systeme*, Heft2, S.203-224

後藤実,2012「包摂/排除の社会システム理論的考察」『社会学評論』63(3)、324-340

Hadamek, Claus, 2007, *Wohlfahrtsstaat und Gesellschaft. Eine systemtheoretische Analyse der sozialwissenschaftlichen Wohlfahrtsstaatsforschung und die Theorie funktionaler Diffenzierung*,(Retrieved December 12, 2023, http://www. ub.uit.no/munin/bitstream/ handle/10037/1714/thesis.pdf?sequence=3)

Hafen Martin, 2005, *Systemische Prävention*, Carl-Auer Verlag.

―――,2005a, *Soziale Arbeit in der Schule zwischen Wunsch und Wirklichkeit: Ein theoriegeleiteter Blick auf ein professionelles Praxisfeld im Umbrüch*, Luzern

―――,2007, *Grundlagen der systemischen Prävention: Ein Theoriebuch für Lehre und Praxis.*, Carl-Auer Verlag.

原田和広,2022『実存的貧困とはなにか』青土社

原田正樹,2012「第Ⅱ部 地域福祉の基盤づくり」岩間伸之・原田正樹『地域福祉援助をつかむ』有斐閣、137-267

―――,2014「ケアリングコミュニティの構築に向けた地域福祉」大橋謙策編著『ケアとコミュニティ』ミネルヴァ書房、87-103

―――,2021「日本における伴走型支援の展開」奥田知志・原田正樹編著『伴走型支援』有斐閣、111-128

長谷川匡俊,1992『トゥギャザーウィズヒム 長谷川良信の生涯』新人物往来社

早坂泰次郎,1991『人間関係学序説』川島書店

早坂泰次郎編,1994『<関係性>の人間学 良心的エゴイズムの心理』川島書店

樋口明彦,2004「現代社会における社会的排除のメカニズム」『社会学評論』55巻(1),2-18

Hillebrandt, Frank, 1999, *Exklusionsindividualität: Moderne Gesellschaftsstruktur und die soziale Konstruktion des Menschen*, Opladen: Leske+Budrich.

平野啓一郎、2012『私とは何か 「個人」から「分人」へ』講談社現代新書

藤田孝典・金子充,2010『反貧困のソーシャルワーク実践 NPO「ほっとポット」の挑戦』明石書店

福原宏幸編,2007『社会的排除/包摂と社会政策』法律文化社

本多敏明,2019「応答する身体性へのトレーニングとしてのグループワーク――相互作用レベルのコミュニケーションに着目して――」『淑徳大学大学院研究紀要』26,71-87

稲月正，2022『伴走支援システム　生活困窮者の自立と参加包摂型の地域づくりに向けて』明石書店

糸賀一雄，1968『福祉の思想』NHKブックス

―――，1972『糸賀一雄講和集　愛と共感の教育　増補版』柏樹社

―――，2003『復刊　この子らを世の光に〜近江学園二十年の願い』NHK出版

岩間伸之・原田正樹，2012,『地域福祉援助をつかむ』有斐閣

岩崎晋也，2018『福祉原理　社会はなぜ他者を援助する仕組みを作ってきたのか』有斐閣

岩田正美，2000『ホームレス／現代社会／福祉国家――「生きていく場所」をめぐって』明石書店

―――，2008『社会的排除』有斐閣Insight

岩田正美・西澤晃彦編，2005『貧困と社会的排除』ミネルヴァ書房

Jahraus, Oliver/ Nassehi, Armin (Hrsg.), 2012, *Luhmann Handbuch: Leben- Werk-Wirkung*, J.B.Metzler

加藤榮一，2006『現代資本主義と福祉国家』ミネルヴァ書房

警察庁生活安全局生活安全企画課「安全・安心なまちづくり関係功労者　内閣総理大臣表彰（2011年）」 https://www.npa.go.jp/safetylife/seianki55/news/doc/23sourihyousyou.pdf（2023/12/12）

Klassen, Michael, 2004, *Was leisten Systemtheorien in der Sozialen Arbeit?: Ein Vergleich der systemischen Ansaetze von Niklas Luhmann und Mario Bunge.*, Haupt Verlag.

Kleve, Heiko, 1999, *Postmoderne Sozialarbeit: Ein systemtheoretische-konstruk- tivistischer Beitrag zur Sozialarbeitswissenschaft*, Aachen: Kersting.

―――，2000, "Paradigmawechsel in der Systemtheorie und postmoderne Sozialarbeit", in: Merten, Roland(Hrsg.), *Systemtheorie Soziale Arbeit: Neue Ansätz und veränderte Perspektiven*, Opladen:Leske+Budrich, S.47-66

―――，2004, Die Notwendigkeit der Sozialen Arbeit in der modernen Gesellschaft,(Retrieved May 14, 2004, http://www.asfh-berlin.de/hsl/freedocs/ 113/notwendigkeit.pdf)

―――，2005, Geschichte, Theorie, Arbeitsfelder und Organisationen Sozialer Arbeit Reader: Fragmente -Definition, Einführungen und Übersichten,(Retrieved October 5, 2006, http:// sozialwesen.fh-potsdam.de/uploads/media/　Geschichte_Theorie_Arbeitsfelder_und_ Organisationen.pdf)

國分功一郎，2017『中動態の世界　意志と責任の考古学』医学書院

國分功一郎・熊谷晋一郎，2020『責任の生成　中動態と当事者研究』新曜社

小松丈晃，2003『リスク論のルーマン』頸草書房

―――，2013「社会的排除のリスクに抗する機能システムはありうるのか――ルーマンの「宗教」論ならびに福祉 領域でのルーマン理論受容の動向――」、高橋徹・小松丈晃・村上淳一『滲透するルーマン理論――機能分化 論からの展望――』文眞堂、129-154

厚生労働省，2010「障害者自立支援法違憲訴訟に係る基本合意について」, https://www.mhlw.go.jp/stf/ seisakunitsuite/bunya/hukushi_kaigo/shougaishahukushi/goui/index.html（2023年11月1日取得）.

―――，2023「令和4年賃金構造基本統計調査　結果の概況」, https://www.mhlw.go.jp/toukei/itiran/ roudou/chingin/kouzou/z2022/index.html（2023年11月8日取得）

小山裕，2015『市民的自由主義の復権』勁草書房

國森康弘・日浦美智江・中村隆一・大塚晃編、2014『生きることが光になる　重症児者福祉と入所施設の将来を考える』クリエイツかもがわ

熊谷晋一郎, 2017「みんなの当事者研究」熊谷晋一郎編『臨床心理学増刊第9号』金剛出版, 2-9

熊谷晋一郎・國分功一郎, 2017「来たるべき当事者研究」熊谷晋一郎編『臨床心理学増刊第9号』金剛出版, 12-34

―――, 2021『当事者研究　等身大の＜わたし＞の発見と回復』岩波書店

Lambers, Helmut, 2014, *Reflexionsgrundlagen Sozialer Arbeit. Eine sytstemtheoretische Einführung*, Beltz Juventa.

―――, 2018, *Geschichte der Sozialen Arbeit: Wie aus Helfen Soziale Arbeit wurde 2.Auflage.*, UTB GmbH.

Lehmann, Maren, 1996, Soziale Hilfe zwischen Interaktion und Organisation (Diplomat) (Retrieved December 22, 2010, http://www.sozialarbeit.ch/ dokumente/soziale%20hilfe.pdf).

―――, 2002, *Inklusion: Beobachtungen einer sozialen Form am Beispiel von Religion und Kirche*. Humanities Online.

Luhmann, Niklas, 1975, "Formen des Helfens im Wandel gesellschaftlicher Bedingungen", in: ders., *Soziologische Aufklärung Bd2*, Westdeutscher Verlag, S.134-149

―――, 1981, *Politishce Theorie im Wohlfahrtsstaat*.Günter Orzug Verlag.(=2007, 徳安彰訳『福祉国家における政治理論』頸草書房)

―――, 1982, *Liebe als Passion: Zur Codierung von Intimität*, Suhrkamp.(=佐藤勉・村中知子訳, 2005,『情熱としての愛　親密さのコード化』木鐸社)

―――, 1984, *Soziale Systeme. Grundriß einer allgemeinen Theorie*, Suhrkamp. (=(上)1993(下)1995、佐藤勉監訳『社会システム理論』恒星社厚生閣.=(上・下)2020、馬場靖雄訳『社会システム　或る普遍的理論の要綱』)

―――, 1989, "Individuum, Individualität, Individualismus", in: ders., *Gesellschaftsstruktur und Semantik Bd3: Studien zur Wissenssoziologie*, Suhrkamp, S.149-258.(=2013、徳安彰訳「個人・個性・個人主義」『社会構造とゼマンティク3』、法政大学出版局、123-219)

―――, 1990, *Die Wissenschaft der Gesellschaft*, Suhrkamp.(=徳安彰訳, 2009,『社会の科学1・2』法政大学出版局)

―――, 1995, "Inklusion und Exklusion", in: ders., *Soziologische Aufklärung Bd6: Die Soziologie und Menschen*, Westdeutscher Verlag, S.237-264.(=2007、村上淳一訳「インクルージョンとエクスクルージョン」『ポストヒューマンの人間論』東京大学出版会, 203-250)

―――, 1995a, "Die Form "Person"", in: ders., *Soziologische Aufklärung 6: Die Soziologie und der Mensch*, Westdeutscher Verlag, S.142-154.(=2007、村上淳一訳「『人格』という形式」『ポストヒューマンの人間論』東京大学出版会, 117-139)

―――, 1995b, "Jenseits von Barbarei", in ders., *Gesellschaftsstruktur und Semantik*. Bd.4, S.138-150

―――, 1995c, "Was ist Kommunikation?", in: ders., *Soziologische Aufklärung 6: Die Soziologie und der Mensch*, Westdeutscher Verlag, S.113-124

―――, 1995d, "Kausalität im Süden", in: *Soziale Systeme* 1, S.7-28

―――, 1995e, "Die gesellschaftliche Differenzierung und das Individuum", in: ders., *Soziologische Aufklärung 6: Die Soziologie und der Mensch*, Westdeutscher Verlag, S.125-141.(=2007, 村上淳一訳「社会分化と個人」『ポストヒューマンの人間論』東京大学出版会, 89-116)

―――, 1995f, "Das Paradox der Menschenrechte und drei Formen seiner Entfaltung", in: ders., *Soziologische Aufklärung 6: Die Soziologie und der Mensch*, Westdeutscher Verlag, S.223-236.(=2007, 村上淳一訳「主体の欺計と、人間とは何かという問い」『ポストヒューマンの人間論』東京大学出版会, 141-165)

―――, 1997, *Die Gesellschaft der Gesellschaft*, 2Bde., Suhrkamp.(=2009, 馬場靖雄・赤堀三郎・菅原謙・高橋徹訳『社会の社会1・2』法政大学出版局)

―――, 2000, *Die Politik der Gesellschaft*, Suhrkamp.(=2013、小松丈晃訳『社会の政治』法政大学出版局).

―――, 2000a, *Organisation und Entscheidung*, Walter de Gryter.

―――, 2005, *Einführung in die Systemtheorie*, Carl Auer.(=2007, 土方透監訳『システム理論入門』新泉社)

―――, 2007, *Einführung in die Theorie der Gesellschaft*, Carl Auer.(=2009, 土方透監訳『社会理論入門』新泉社)

Maaß, Olaf, 2009, *Die Soziale Arbeit als Funktionssystem der Gesellschaft*, Carl-Auer Verlag.

松宮朝, 2022『かかわりの循環　コミュニティ実践の社会学』晃洋書房

松本卓也, 2023「精神医療とその周辺から「自治」を考える」斎藤幸平・松本卓也編『コモンの「自治」論』集英社シリーズ・コモン, 157−196

松端克文, 2018『地域の見方を変えると福祉実践が変わる　コミュニティ変革の処方箋』ミネルヴァ書房

Merten, Roland(Hrsg.), 2000, *Systemtheorie Sozialer Arbeit: Neue Ansaetze und Veraenderte Perspektiven*, Leske Budrich.

―――, 2004, „Inklusion/Exklusion und Soziale Arbeit. Überlegungen zur aktuellen Theoriedebatte zwischen Bestimmung und Destruktion", Roland Merten, Albert Scherr (Hrsg), *Inklusion und Exklusion in der Sozialen Arbeit*, VS Verlag., S.99-118

―――/ Scherr, A., 2004, "Inklusion/Exklusion Zum systematischen Stellenwert eines Duals innerhalb des Projekts "Systemtheorie Soziale Arbeit" ", in: ders., (Hrsg.), *Inklusion und Exklusion in der Sozialen Arbeit*, VS Verlag., S.7-14

宮本太郎、2013『社会的包摂の政治学』ミネルヴァ書房

―――, 2017『共生保障　＜支え合い＞の戦略』岩波新書

森和宏, 2021「近江学園における「ヨコへの発達」概念の再検討 : 実践における集団編成に着目して」日本教育学会機関誌編集委員会編『教育学研究』88(4)、622-633

森岡正博, 2010「パーソンとペルソナ:パーソン論再考」『人間科学』5、91-121

―――, 2012「ペルソナと和辻哲郎:生者と死者が交わるところ」『現代生命哲学研究』1、1-10

―――, 2013「ペルソナ論の現代的意義」『比較思想研究』40、44-53

向谷地生良, 2009『技法以前　べてるの家のつくりかた』医学書院

村中知子, 1996『ルーマン理論の可能性』恒星社厚生閣

―――, 2005「訳者解説1」、ルーマン『情熱としての愛　親密さのコード化』木鐸社、274-282頁

長岡克行, 2006『ルーマン／社会の理論の革命』勁草書房

中村健吾, 2002「EUにおける『社会的排除』への取り組み」『海外社会保障研究』No.141, 56-66

———, 2007「社会理論からみた『排除』」福原宏幸編『社会的排除／包摂と社会政策』法律文化社, 40-73

Nassehi, A., 1999, "Inklusion, Exklusion - Integration, Desintegration. Die Theorie funktionaler Differenzierung und die Desintegrationsthese" in: *Differenzierungs- folgen Beitrage zur soziologie der Moderne*, Westdeutscher Verlag, S.105-132

———, 2002, "Exclusion Individuality or Individualization by Inclusion?", in: *Soziale Systeme* 8, Heft1, S.124-135

———, 2004, "Inklusion, Exklusion, Ungleichheit: Eine kleine theoretische Skizze", Thomas Schwinn (Hg.) *Differenzierung und Soziale Ungleichheit: Die zwei Soziologien und ihre Verknüpfung*, Humanities.

NHKスペシャル取材班, 2020『ミッシングワーカーの衝撃　働くことを諦めた100万人の中高年』NHK出版新書

西智弘, 2020「社会的処方のススメ」西智弘編著『社会的処方』学芸出版社, 43-80

岡村重夫, 1963『全訂　社会福祉学（総論）』全国社会福祉協議会

———, 1983『社会福祉原論』全国社会福祉協議会

———, 2009『新装版　地域福祉論』光生館

奥田知志, 2021「伴走型支援の理念と価値」奥田知志・原田正樹編著『伴走型支援』有斐閣, 3-18

———, 2021a「あらためて伴走型支援とは何か」奥田知志・原田正樹編著, 『伴走型支援』有斐閣, 187-94

奥田知志・原田正樹編著, 2021, 『伴走型支援』有斐閣

奥田知志・稲月正・垣田裕介・堤圭史郎, 2014『生活困窮者への伴走型支援——経済的困窮と社会的孤立に対応するトータルサポート』明石書店

坂部恵, 2019『仮面の解釈学　新装版』東京大学出版会

榊原賢二郎, 2016『社会的包摂と身体』生活書院

佐藤俊一, 2001『対人援助グループからの発見——「与える」から「受け止める力」の援助へ』中央法規

———, 2004『対人援助の臨床福祉学　「臨床への学」から「臨床からの学」へ』中央法規

佐藤俊樹, 2008『意味とシステム　ルーマンをめぐる理論社会学的探究』勁草書房

———, 2011『社会学の方法　その歴史と構造』ミネルヴァ書房

———, 2023『メディアと社会の連環　ルーマンの経験的システム論から』東京大学出版会

———, 2023a『社会学の新地平　ウェーバーからルーマンへ』岩波新書

佐藤勉, 1983「社会システム論における相互浸透の問題」『社会学研究』45号, 143-172

———, 1997「パーソンズとハーバーマスからルーマンへ」佐藤勉編『コミュニケーションと社会システム——パーソンズ・ハーバーマス・ルーマン』恒星社厚生閣, 1-31

———, 2000「社会システム理論の新展開」鈴木広監『シリーズ[社会学の現在]①　理論社会学の現在』ミネルヴァ書房, 18-29

———, 2003「ルーマン理論における人間の問題」『淑徳大学社会学部研究紀要』第37号, 97-124

———, 2004a「ルーマン理論における排除個人性の問題」『淑徳大学社会学部研究紀要』第38号, 63-78

———, 2004b「ルーマン理論における包摂の問題」『淑徳大学大学院研究紀要』第11号, 35-50

———, 2005「訳者解説2」、ルーマン『情熱としての愛　親密さのコード化』木鐸社、283-290頁

─────,2005a「愛のゼマンティクと近代的個人」『淑徳大学大学院社会学研究科研究紀要』第12号, 1-23

─────,2008「ルーマン理論における介入の問題」『淑徳大学大学院研究紀要』第15号, 1-20

佐藤勉編, 1997『コミュニケーションと社会システム』恒星社厚生閣

Scherr, Albert, 2000, "Luhmanns Systemtheorie als soziologisches Angebot an Reflexionstheorie der Sozialen Arbeit", in: Henk de Berg/ Jonannes Schmidt (Hrsg.), *Rezeption und Reflexion: zur Resonaz der Systemtheorie Niklas Luhmanns ausserhalb der Soziologie--*, Suhrkamp, S.440-468

─────,2001, "Soziale Arbeit als organisierte Hilfe in der funktional diffenrenzierten Gesellschaft" in: Veronika Tacke(Hrsg.), *Organisation und gesellschaftliche Differenzierung*, Westdeutscher Velag, S.215-235

総務省「令和3年度ふるさとづくり大賞」https://www.soumu.go.jp/main_content/000789377.pdf (2023/12/12)

総務省統計局, 2023「長期時系列表9　(1)年齢階級(10歳階級)別就業者数及び年齢階級(10歳階級), 雇用形態別雇用者数−全国」https://www.e-stat.go.jp/stat-search/file-download?statInfId=00002191 5916&fileKind=0,(2023年11月8日取得)

Stichweh, Rudolf, 2000, "Systemtheorie der Exklusion. Zum Konflikt von Wohlfahrtsstaatlichkeit und Globalisierung der Funktionssysteme", in ders., *Die Weltgesellschaft. Soziologische Analysen.*, S.85-102

─────,2005, *Inklusion und Exklusion: Studien zur Gesellschaftstheorie.*, Transcript.

高橋徹, 1997「構造的カップリングの問題性」佐藤勉編『コミュニケーションと社会システム──パーソンズ・ハーバーマス・ルーマン』恒星社厚生閣, 310-335

─────,2002『意味の歴史社会学』世界思想社

高谷清, 2011『重い障害を生きるということ』岩波新書

─────,2011a「『パーソン論』は、『人格』を有さないとする『生命』の抹殺を求める」『月刊保団連』1068、39-46

竹内敏晴, 1999『癒える力』晶文社

東畑開人, 2019『居るのはつらいよ』医学書院

─────,2020「平成のありふれた心理療法──社会論的転回序説」、森岡正芳編『臨床心理学増刊第12号　治療は文化である──治癒と臨床の民族誌』金剛出版, 8-26

─────,2022『聞く技術　聞いてもらう技術』ちくま新書

都留民子, 2002「フランスの『排除Exclusion』概念」『海外社会保障研究』No.141, 3-17

堤未果, 2008『ルポ　貧困大国アメリカ』岩波新書

上野千鶴子, 2021「当事者の社会学へ向けて」樫田美雄・小川伸彦編著『〈当事者宣言〉の社会学』東信堂, 227-261

上野千鶴子・中西正司編, 2008『ニーズ中心の福祉社会へ──当事者主権の次世代福祉戦略』医学書院

垂髪あかり, 2021『近江学園・びわこ学園における重症児者の「発達保障」:〈ヨコへの発達〉の歴史的・思想的・実践的定位』風間書房

浦河べてるの家, 2002『べてるの家の「非」援助論』医学書院

─────,2005『べてるの家の「当事者研究」』医学書院

渡部明男・國本真吾・垂髪あかり編, 2021『ひとと生まれて人間になる』三学出版

渡會知子,2006「相互作用過程における『包摂』と『排除』」、日本社会学会『社会学評論』、57(3)、600-614.

Weber, Georg, Hillebrandt, Frank, 1999, *Soziale Hilfe. Ein Teilsystem der Gesellschaft? Wissenssoziologische und systemtheoretische Ueberlegungen.*, Westdeutscher Verlag.

Wetzel, Ralf, 2004, *Eine Widerspenstige und keine Zähmung: Systemtheoretische Beiträge zu einer Theorie der Behinderung*, Carl-Auer Verlag.

米村美奈,2006『臨床ソーシャルワークの援助方法論』みらい

湯浅誠,2008『反貧困——「すべり台社会」からの脱出』岩波新書

結城康博,2021『社会福祉学原論』淑徳大学長谷川仏教文化研究所

## 【A~Z】

**著 者 紹 介**

**本多 敏明** （ほんだ としあき ）

1980年福島県生まれ。淑徳大学コミュニティ政策学部准教授。
岩手大学人文社会科学部、淑徳大学大学院総合福祉研究科を経て、現職。
[著書]『臨床社会福祉学の展開』(共著、学文社、2015年)、
『コミュニティ政策のはなし』(共著、成文堂、2013年)など。

## 「排除」の構造とコミュニケーション論的「包摂」

2024年2月29日　初版第1刷発行

● 編　　　著　　本多　敏明
● 発 行 者　　青田　恵
● 発 行 所　　株式会社風鳴舎

　　　　　　　　〒170-0005　東京都豊島区南大塚2丁目38-1　MID POINT大塚6F
　　　　　　　　TEL. 03-5963-5266 ／ FAX. 03-5963-5267

● 印刷・製本　　錦明印刷株式会社